aleGGria

Nelma Penteado

aleGGria

LINDA, GOSTOSA, AMADA, PODEROSA E
MUITO FELIZ COM O PESO QUE VOCÊ TEM

MATRIX

Direitos em língua portuguesa para o Brasil:
Editora Urbana Ltda.
www.matrixeditora.com.br

Ilustrações
Murilo Araújo

Capa, projeto gráfico e diagramação
Tabata Resende

Revisão
Maria Aparecida Medeiros Lima
Eduardo Haak
Alexandre de Carvalho

Dados Internacionais de Catalogação na Publicação (CIP)
SINDICATO NACIONAL DOS EDITORES DE LIVROS, RJ.

Penteado, Nelma
AleGGria: linda, gostosa, amada, poderosa e muito feliz com o peso que você tem / Nelma Penteado. - São Paulo: Matrix, 2011.

1. Mulheres obesas - Psicologia. 2. Autoestima em mulheres. 3. Beleza física (Estética). 4. Felicidade. 5. Qualidade de vida. I. Título.

10-4577. CDD: 155.633
CDU: 159.922.1-055.2

Agradecimentos

A Deus, que me mostra todos os dias que eu sou uma pedra preciosa de seu tesouro. A Ele agradeço a dádiva da vida!

Aos meus pais, pelo carinho e incentivo que ajudaram a me transformar na mulher realizada e feliz que sou hoje!

Você é linda!

Vai, filha, você consegue!

Levante essa cabeça!

Confie em Deus!

Acredite em seu potencial!

Filha, eu te amo.

Tudo vai dar certo, você vai conseguir!

Foi embalada por todas essas frases e muitas outras semelhantes que eu cresci. Obrigada, papai e mamãe!

Ao meu queridíssimo marido, que me diz que sou linda e o quanto ele me ama, mesmo que eu esteja de pantufas, pijama velho de flanela, ao acordar de manhã, resfriada, com nariz vermelho igual a um pimentão. Ele me faz sentir que sou sua princesa, pesando 40 ou 140 quilos. Ele me mostra sempre que o tamanho e o peso com o qual devemos nos preocupar é o do nosso amor, carinho, desejo, paixão e respeito um pelo outro.

Aos meus amados filhos, que me ensinaram que a maior beleza do mundo é contemplar um sono tranquilo, um sorriso, um olhar travesso e uma carinha feliz de criança. Que me mostraram que meu tamanho e meu peso sempre serão perfeitos para acomodar seus sonhos, pedidos e fantasias. Eles me fizeram perceber que o que importa é o tamanho e o peso do meu amor por eles, e eu sei que é infinito.

A minha família, pela qual tenho um amor gigantesco.

Às queridas que trabalham em casa, nunca poderia agradecer suficientemente o tamanho do carinho, afeto e dedicação a todos nós.

A minha equipe, que é a melhor do mundo! Cheia de dedicação, profissionalismo, amor, responsabilidade, bom humor, motivação e tudo de melhor que uma equipe pode ter! Obrigada por tudo!

A todas as pessoas que contribuem de forma direta ou indireta para minha felicidade, meu eterno agradecimento!

A minha editora, que entendeu que era o momento de este livro chegar, para trazer uma luz no caminho de tantas mulheres que desejam se livrar da ditadura do corpo perfeito.

A minha amiga Regina, a primeira pessoa para a qual falei da ideia deste livro. Como sempre, recebi seu incentivo e todo o seu carinho. Ela é uma pessoa imensa em tudo que faz e no seu jeito maravilhoso de ser com todas as pessoas que têm o privilégio de desfrutar de sua companhia.

A Jane, agradeço por sua força, sua garra e história de vida! Conviver com ela é um presente. Ela é um presente! Posso acrescentar: irmã e amiga para todas as horas. Sempre procuro asinhas em suas costas, pois sei que ela é um anjo, que está em nosso meio para nos transmitir tantas lições de vida, carinho e felicidade.

Agradeço também a você, mulher gorda ou não, que se prepara para ler estas linhas, escritas com todo o carinho para que você mude sua vida para melhor!

Agradecimentos especiais a todas as mulheres gordas que romperam (ou têm vontade de romper) com suas atitudes e conquistas os grilhões de uma sociedade que não enxerga que qualquer mulher, independentemente de seu peso, idade, altura ou aparência, tem o direito de ser feliz.

Sumário

Preparando-se para uma viagem maravilhosa

Todo mundo tem um calcanhar de aquiles

Eu poderia chamar este livro de:
Uso óculos, e daí?
Tenho nariz grande, e daí?
Sou alta demais, e daí?
Sou baixinha, e daí?
Sou velha, e daí?
Sou careca, e daí?

Ou dar a ele qualquer outro título baseado em uma longa lista de crenças que muitas vezes transformam a vida de uma mulher em algo sem graça e infeliz.

Apesar de ter me concentrado nas pessoas gordas, ao terminar de escrever percebi que este livro não é só para elas, mas para todas as pessoas que não estão felizes com sua aparência, seja por que motivo for. Basta substituir a palavra gorda por aquela que você considera o seu motivo de tristeza na vida.

Espero, assim como já aconteceu com milhares de mulheres que participaram de meus *workshops*, que você também entenda as mensagens aqui contidas e mude sua vida para melhor.

Tire os sapatos, respire fundo, pegue uma bebida bem gostosa, coloque os pés em cima de uma almofada bem fofinha, desligue o celular e me acompanhe, pois tenho muitas coisas interessantes para compartilhar!

Você também duvida?

Quando estava quase encerrando este livro, deparei com uma imagem na internet que mostrava as costas de uma mulher gorda com a seguinte frase: "Gorda feliz? Duvido!". Junto da foto, comentários de uma pessoa que dizia duvidar que alguém pudesse ser feliz estando gorda, com a saúde em risco, sem poder fazer nada, sem ter roupa que servisse e sem poder fazer um programa que as pessoas fazem normalmente, como ir a um clube, praia, cinema, viajar, enfim, levar uma vida normal.

Absolutamente nada contra a autora dessa opinião, que por sinal é uma mulher maravilhosa, mas, quando li o que ela escreveu, fiquei pensando em todos os milhares de mulheres gordas que conheci por meio do meu trabalho, extremamente felizes, saudáveis, que usam roupas lindas e que fazem tudo e até um pouco mais do que muita gente e que levam uma vida pra lá de normal.

Pensei nessas mulheres maravilhosas, para as quais o fato de serem gordas não atrapalha em nada. Seus rostos, sorrisos, sensualidade, beleza e charme foram surgindo diante de mim e eu mentalmente mandava a elas mais e mais votos de felicidade! Voltei a olhar a foto e a opinião daquela moça sobre gordura e felicidade. Pensei: esta é uma daquelas mulheres que precisam ler este livro e perceber que ser gorda não é sinônimo de ser infeliz.

Sei que essa opinião (de que uma gorda não pode ser feliz) não é exatamente uma exceção. Infelizmente milhões de pessoas gordas e não gordas pensam assim.

Se você é uma delas, aqui vai um carinhoso convite: leia este livro e descubra que existe vida além da escravidão de uma balança. Dispa-se da incredulidade, dos preconceitos e estereótipos e me acompanhe por estas páginas. Será interessante o que vai descobrir aqui! Venha!

O verdadeiro tamanho das pessoas

O verdadeiro tamanho das pessoas não é o físico, aquele que se mede pelo número das roupas que elas vestem! O tamanho real das pessoas varia conforme o grau de envolvimento que elas têm com o mundo.

A pessoa pode ser enorme para você quando fala do que leu e viveu, quando demonstra carinho e respeito, quando olha nos olhos e sorri abertamente. Ou pode ser pequena, quando só pensa em si mesma, quando se comporta de maneira arrogante e agressiva, quando fracassa justamente no momento em que teria que demonstrar o que há de mais importante entre duas pessoas: a amizade, o respeito, o carinho, o zelo, a confiança e até mesmo o amor. Uma pessoa é gigante para você quando se interessa pela sua vida, quando busca alternativas para seu crescimento, quando sonha junto com você! É pequena quando pensa apenas em si mesma.

Uma pessoa é grande quando perdoa, quando compreende, quando se coloca no lugar do outro, quando age de acordo com o que espera de bom para si mesma e para os outros. Uma pessoa é pequena quando seu comportamento é regido por preconceitos e clichês insípidos. Uma pessoa pode aparentar grandeza ou miudeza dentro de um relacionamento. Pode crescer ou decrescer num espaço de poucas semanas. Uma decepção pode diminuir o tamanho de um amor que parecia grande. Uma ausência pode aumentar o tamanho de um amor que parecia ínfimo.

É difícil conviver com essa elasticidade: as pessoas se agigantam e se encolhem aos nossos olhos. Nosso julgamento não é feito com base no peso ou nas medidas em centímetros, metros, mas a partir das ações, reações, expectativas e frustrações.

Uma pessoa é enorme ao estender a mão e pequena ao recolhê-la inesperadamente.

Uma pessoa é grande quando se gosta, tem alto-astral e está de bem com a vida, porém é de um tamanho insignificante quando não se ama, é mal-humorada e se arrasta pela vida, reclamando de tudo e de todos a cada dia.

Percebemos então que “ser uma pessoa grande” é algo realmente maravilhoso, e não é a altura nem o peso que determinam o verdadeiro “tamanho das pessoas”. O que vai determinar isso é o seu caráter, sua maneira de viver e se relacionar consigo mesma e com os outros. Diante disso, qual é o seu tamanho?

(Autor desconhecido)

Sim, sou gorda!

“Você é gorda!”

O problema não são as palavras dessa frase, mas a conotação

que carregam. Descobri ao longo da vida os vários significados ocultos nessa frase, de acordo com a entonação e a ocasião em que é dita. Fiquei expert nisso. Era só observar a expressão do rosto de quem falava, o jeito de pronunciar as palavras, o modo como me olhava, o contexto, juntar um pouco da intuição feminina e... bingo! Eu logo descobria o significado por trás da palavra gorda! Coisas do tipo:

– Você é preguiçosa e acomodada!
– Você é um E.T.!
– Você é um peixe fora d'água!
– Você é um problema!
– Você é um ser assexuado!
– Você é incompetente!
– Você não serve pra mim!
– Você não deveria usar essa roupa!
– Você pra mim é apenas uma grande amiga!
– Você é ridícula!
– Quando a gente se casou, você não era assim!
– Você é minha amiga, então eu até te enxergo magra!
– Você vai ficar lá atrás no palco durante o espetáculo, nesta coreografia!
– Você não serve!
– Você é culpada! Deveria se cuidar mais!
– Você é relaxada!
– Você é incapaz!
– Você não deveria estar comendo isso!
– Você deveria fazer dieta!
– Você é tão bonita de rosto!
– Você vai ter problemas!
– Você não deveria estar aqui. Este lugar não é para pessoas como você!
– Ah! Eu não sabia que você era assim...
– Você é motivo de piada!
– Você é: "aquela gordinha ali"!
– Não tem roupas do seu tamanho nesta loja!

– Você é infeliz!
– Você nunca vai conseguir!

Essa lista poderia continuar indefinidamente, mas vou parar aqui.

Às vezes, acho que o problema não está nas pessoas, mas na sociedade em que vivemos. É lógico que em um mundo onde as mulheres fazem de tudo para ficar parecidas com seus ídolos femininos, os quais pesam em uma balança tanto quanto um pé de alface, a reação diante de pessoas gordas como eu só poderia ser essa.

Assim como as mulheres que vivem sob o regime Talibã, nós também temos a nossa burca – a burca dos padrões de beleza ocidentais, tecida pela falsa crença de que, para ser belo, o corpo precisa obrigatoriamente ser magro. E para se enquadrar nesse padrão, que é tido como sinônimo de felicidade, as pessoas fazem todo tipo de sacrifício. Ganham até prêmios por ser magras: uma cesta cheia de felicidade, namorados, *diet shakes*, festas, abraços das pessoas, felicitações, silicone, *light*, *diet*, às vezes acompanhados de anorexia, bulimia e adoçante.

Não! Espere aí! Não sou uma gordinha revoltada com a vida liderando aqui um movimento contra a magreza, do tipo: "Abaixo as magras!". Muito menos estou liderando um motim de gordinhas. Imagine todas organizadas como em um exército, saindo com placas de protesto, quebrando balanças, rasgando tabelas de peso, reivindicando o direito de usar livremente fio dental na praia, socando a cabeça de todos os homens insensíveis que tratam a mulher como um simples corpo destituído de cérebro, alma e sensibilidade, jogando fitas métricas ao mar e, por fim, após um maravilhoso jantar com tudo a que têm direito, e sem nenhuma culpa, o dia terminaria com todas em volta de uma gloriosa fogueira feita com todos os produtos *light* e *diet* do mundo, cantando enlevadas a música do Roberto Carlos: "Quando eu estou aqui / Eu vivo este momento lindo...".

Opa! Acho que tive um súbito delírio. Voltemos ao que interessa.

Acredito que todo mundo deveria ter o seu espaço e ser respeitado. Por que a mulher magra recebe abraços e a gorda recebe comiseração?

Li centenas de anúncios dizendo coisas como: "Emagreça e seja feliz!", "Volte a ser magra e recupere sua autoestima!", "Emagreça para enfrentar o verão com alegria!", "Emagreça e surpreenda seu amado na cama! Emagreça e receba olhares masculinos!"

Nossa! Então, uma gorda não é feliz, não tem autoestima, é triste no verão, não surpreende o amado na cama e não recebe olhares masculinos?!

Sabia que tinha duas escolhas: aceitar esses paradigmas, me enfiar para sempre em uma camiseta velha, larga, daquelas que a gente ganha em campanha eleitoral, olhar para baixo e, na medida do possível, tentar sumir em festas (o lugar ideal é a cozinha!), fotos (lugar ideal: lá atrás, com a cabeça abaixada, sem sorrir e se possível abaixando para pegar alguma coisa no momento do clique), empregos (o ideal é aquele em que você possa ficar escondida sozinha dentro de alguma sala) e dos homens (lugar ideal: luz apagada, rapidinha e depois não esquecer de agradecer o favor)... Ou, então: revolucionar tudo isso!

Escolhi a segunda opção – revolução! Posso dizer que não é a opção mais fácil, porém é a que realmente traz felicidade verdadeira. Não é fácil, porque as pessoas não entendem quando você se aceita gorda. Elas insistem o tempo todo para que você faça dietas e vivem dizendo que você nunca será feliz gorda, que vai morrer cedo, que não vai poder ter filhos, que se a terra for invadida por alienígenas, você será a primeira a ser abduzida... enfim, uma infindável lista de terrores!

Quando você diz que está bem do jeito que está, aí começam a te acusar de acomodada, preguiçosa, conformada e uma montanha de outros adjetivos nada lisonjeiros. Raramente alguém entende que você já tentou de tudo, já fez de tudo, mas que você é uma mulher grande e sempre será. Qual o problema? Nenhum, desde que você faça a opção certa. E a opção que a fará mais feliz certamente não é ficar lamentando o resto da vida o fato de ser gorda, usar isso para justificar seus fracassos, deixar de viver e andar se arrastando pela vida, como se ela fosse um fardo.

Nesta jornada gorda da vida, eu não sumi, eu assumi! Sou gorda, sim, e daí? Assumi meu belo "corpitcho", tomei atitudes valiosas em meu dia a dia e hoje sou muito feliz. Quais atitudes? Você está com a relação delas em suas mãos, neste exato momento! Neste livro, estamos falando de vida, felicidade, homens, sexo, alegria, autoestima, paixão e todas as coisas que tornam qualquer mulher realizada.

Aqui estão mensagens para todas as mulheres gordinhas, gordas, gordonas, gorduchas e fofas. Também acredito que não só as gordinhas, mas também as magrinhas devem gostar muito deste livro.

Um ditado chinês diz o seguinte: "A vida é um dom divino, que deve ser aproveitado em sua plenitude por todos, independentemente de sua cor, raça, credo, condição social ou idade". Vou ter a audácia de acrescentar ao ditado a palavra gordura: "A vida é um dom divino, que deve ser aproveitado em sua plenitude por todos, independentemente de sua cor, raça, credo, condição social, idade, gordura... e ninguém tem nada a ver com isso!".

Pare de se sentir a última das mulheres porque um dia alguém disse que você era gorda (com todos aqueles significados embutidos na palavra, que nem o dicionário apresentou!) e escolha a opção de começar a se sentir maravilhosa e poderosa para mudar sua vida.

Pela expressão do seu rosto, você ainda não acredita em mim! Está bem, você pode não aceitar meu convite e continuar do jeito que está. Conheço essa história... Viver assim é:

a) Aceitar o fato de ser constantemente discriminada por ser gorda, entrar em depressão e morrer... porque a depressão mata!
b) Viver a vida entrando e saindo de dietas, olhando com tristeza e invejinha para a tribo das mulheres tamanho PP.
c) Quebrar todos os espelhos de sua casa, enquanto acreditar que é uma mulher horrível por ser gorda!
d) Cegar todos os homens do planeta com uma agulha de tricô, enquanto acreditar que, por ser gorda, perdeu o charme, a beleza e a sensualidade.
e) Mudar-se para a Mauritânia, onde o símbolo maior de

sensualidade, poder e beleza é a mulher que pesa de 140 quilos para cima.

f) Trancar-se em seu quarto e nunca mais sair de lá.

g) Deixar todos à sua volta infelizes, pois nunca pense que você é infeliz sozinha. As pessoas que te amam de verdade são arrastadas por sua tristeza, e no final o que resta é um monte de gente com carinha igual à do burrinho Bisonho, amiguinho do ursinho Puff, que só via desgraça e tristeza em tudo.

h) Aprender os segredos da hipnose para hipnotizar os homens que se aproximam de você, fazendo com que eles a vejam como uma mulher PP, e não GG, enquanto acreditar que felicidade tem que ter tamanho certo de corpo.

i) Cair na armadilha de acreditar que uma mulher gorda não pode levar uma "vida normal".

j) Sentir-se ferida a cada olhar discriminatório, a cada gozação ou piada dirigida a você.

k) Aceitar ser julgada em entrevistas de emprego mais pelo seu peso do que pela sua competência.

l) Aceitar qualquer homem que a aceite e agradecer por isso.

m) Na cama, se sentir a última das mulheres. Em razão disso, se esforçar bastante para dar muito prazer ao macho que está com você, esquecendo-se de si mesma.

n) Aceitar ser rejeitada e deixada de lado.

o) Ser inimiga da balança.

p) Tornar-se uma pessoa amarga.

q) Descontar suas frustrações na comida.

r) Não ter vida social plena.

s) Odiar praia, sol, mar, areia, peixinhos, estrelas-do-mar, gatos surfistas sarados e mulheres de fio dental!

t) Detestar o verão.

u) Pensar que as posições do *Kama Sutra* não são pra você.

v) Ter na vida um único objetivo, que te consome 24 horas do dia: emagrecer

w) ____

x) ____

y) ____

(Estes espaços foram reservados para você colocar a sua tristeza pessoal, caso ela não tenha sido contemplada nas alternativas acima.)

z) Ser infeliz!

Amiga, se você já sabe tudo isso, aceite meu convite para mudar sua história! Mudar sua história para melhor! Perceber finalmente que você pode e deve ser feliz do jeito que é. E que o problema não é o fato de você ser gorda, mas o que você pensa disso e o que faz com isso em sua vida. Nós passamos aos outros aquilo que imaginamos ser!

Se você se considera uma pessoa feia, ridícula, tímida e infeliz, será exatamente assim pelo resto de seus dias. E isso independe de gordura! Deixe-me provar isso.

Porém, prometa deixar (pelo menos durante a leitura) a depressão, a baixa autoestima e todos os pensamentos negativos de lado. Diga a si mesma: eu sou linda, maravilhosa, gostosona, um diamante! Essa é a senha para tirar o máximo de proveito deste livro.

Ah! Você é tudo isso mesmo... porém talvez não saiba ainda! Encerro aqui com um provérbio mauritano: "Para ser mulher de qualidade, é preciso ser mulher de quantidade".

Concordo com esse provérbio, e diria que essa quantidade seria de: bom senso, autoestima, alegria, amor pela vida, paixão pela pessoa que é, sensualidade, atitudes positivas, iniciativa, criatividade, bom humor, otimismo, mistério, charme, serenidade e a certeza de que cada dia é um presente de Deus, que não deve ser desperdiçado com depressão e mau humor.

Uma mulher assim, independentemente de ser gorda ou magra, careca ou cabeluda, alta ou baixa, verde ou azul, é uma mulher feliz!

Assinado: uma mulher gorda, bonita, feliz e gostosa!

O que eu faço?

Entre os muitos motivos que me levaram a escrever este livro estão milhares de pedidos que recebi pessoalmente, por e-mails, cartas ou telefonemas! Todos se resumem em um único grito: **o que eu faço?**

– Sou infeliz porque sou gorda! *O que eu faço?*

– No dia em que eu emagrecer, vou me sentir linda. Por enquanto não... *O que eu faço?*

– Conheci um cara na net! Estou apavorada com a ideia de ele descobrir que sou gorda! *O que eu faço?*

– Sou tímida! Quase não saio, não tenho amigos nem namorado. Isso se deve ao fato de eu ser gordinha. Sei que isso não é vida. *O que eu faço?*

– Não sou feliz na cama por causa da minha gordura! *O que faço?*

– Estou desesperada, porque após o nascimento dos meus filhos eu engordei! Hoje tenho vergonha do meu corpo, vergonha do meu marido, vergonha de tudo! *O que eu faço?*

Como se isso fosse o fim do mundo! – você poderá pensar. E eu respondo: para essas mulheres, é o fim do mundo!

Há dezesseis anos ministro cursos e palestras sobre autoestima, motivação, felicidade e qualidade de vida. Ao longo do meu trabalho, já falei para mais de 2 milhões de mulheres, e essas perguntas sobre "*o que eu faço por ser gorda*" sempre estão presentes no meu dia a dia. Por isso, achei que escrever um livro poderia ser uma boa maneira de responder a essas perguntas e também de mostrar que gordura não é sinônimo de infelicidade. Mas teria de ser um livro diferente, que falasse sobre gordura mas não sobre dietas! Ou melhor, que falasse sobre a dieta que verdadeiramente funciona: a dieta da alma e da felicidade! Minha intenção não é mostrar como ser magra amanhã, mas como ser feliz hoje.

Qual é o seu peso?

Muitas mulheres estremecem quando lhes perguntam sobre seu peso. Eu, amiga, não ligo a mínima para essa pergunta. E espero que, depois de terminar a leitura, você também não se abale mais com isso.

Mas por que essa pergunta provoca tanto temor? Sim, toda gorda teme essa pergunta, mesmo que inconscientemente. Como ela vive em função de responder isso para si mesma e para o mundo, torna-se uma pedra no meio do caminho, um dente cariado, um machucado que não sara, um mala sem alça. E todas sabem que mais cedo ou mais tarde ela virá. Seja numa simples consulta médica, numa roda de amigos, quando todos os olhares se voltam para a gordinha, ou por causa daquele rapaz interessante que você conheceu num *chat* na internet... É infalível! Mas o problema não é a pergunta. É o medo, a vergonha e a opressão que a mulher gorda sente ao dar a resposta.

Então, quero sinceramente que você se livre desses medos todos e de muitos outros. Após ler e aplicar o que está escrito aqui, espero que, ao ouvir essa pergunta, em vez de se desesperar de vergonha para responder, você cante feliz e vitoriosa para a pessoa que perguntou: tô nem aí, tô nem aí. Pode perguntar sobre o meu peso, que eu tô nem aí!

E depois de cantar, responda tranquilamente seu peso, consciente de que vida feliz é mais do que se importar a todo instante com os números da balança.

Ué! Você não é gorda!

Quando comecei a escrever este livro, há nove anos, eu passava pela seguinte experiência: havia engordado cerca de quinze quilos e então percebi que as pessoas começaram a me tratar diferente. Isso me afetou tanto que também foi um dos motivos para eu começar a escrever. De lá para cá, meu corpo mudou, mas as experiências que vivi ficarão para sempre gravadas em minha memória.

Não emagreci porque me joguei em dietas e mais dietas. É que meu corpo é muito louquinho. Quando me separei do meu primeiro marido, fiquei com 42 quilos, ou seja, uma verdadeira "garota da Somália". Depois, comecei a engordar e virei então uma verdadeira "garota da Mauritânia". Hoje estou magra, amanhã não sei. Não vá você agora me discriminar por causa disso, né? O que importa não é o peso do meu corpo hoje, mas as experiências que vivi, as histórias e relatos que escutei de minhas alunas e a minha vontade de que você leia este livro e se torne uma mulher de bem com a vida.

Hoje posso dizer que finalmente desencanei dessa história de peso, após perceber que o que realmente traz felicidade é o peso da autoestima. E a minha pesa toneladas!

Missão pessoal

Já falei para 1 milhão de mulheres entre cursos e palestras. Ao final desses eventos, ficava feliz ao perceber que as mulheres saíam de lá se sentindo poderosas, de bem com a vida e com a autoestima lá em cima.

Surpreendia-me também o fato de muitos médicos, terapeutas, psicólogos, psicanalistas, especialistas em emagrecimento, ginecologistas e outros me recomendarem a suas pacientes, alegando que o curso contribuía com excelentes resultados em seus tratamentos.

Isso acontece até hoje, o que muito me honra, e sempre agradeço a confiança que esses profissionais tão competentes depositam em mim e no meu trabalho, sem dizer da minha felicidade com os resultados.

Percebia também que apareciam nos meus eventos gordinhas lindas, sensuais, maravilhosas, felizes, que eram minha inspiração. Elas me mostravam, com seu modo de ser, que vida feliz é uma escolha!

Dessas experiências nasceu uma forte motivação, e escrever este livro tornou-se uma missão pessoal. Mas o *start* para todo o processo de realmente começar a colocar em prática minha ideia se deu quando olhei para o lado e vi Jane, uma mulher gorda, triste, cabisbaixa, com medo do próprio sorriso, depressiva, tímida, com baixíssima autoestima, vida financeira péssima, sem perspectivas e infeliz.

De tanto falar a ela tudo que mostro neste livro, pude perceber aos poucos suas mudanças de comportamento, pensamentos e atitudes. Tive oportunidade de acompanhar passo a passo seu processo de lapidação, porque ela trabalha comigo há 16 anos –

foi contratada inicialmente para ser babá dos meus filhos. Ela me ouvia, sorria tímida, ficava quieta... Mas, aos poucos, eu percebia uma chama se formando. Até que ela mudou! Começou a se amar mais, se valorizar mais, e isso se refletia em suas atitudes no dia a dia. Porém, um grande desafio a aguardava, como prova maior dessa mudança.

A modelo que causou sensação

Há anos, quando inaugurei na Feira Íntima de São Paulo um estande de *lingerie*, fiquei indignada com o fato de não existir *lingerie* sexy para mulher gorda. Tudo era sem graça e cor de Band-Aid. Fui a primeira pessoa no Brasil a colocar no estande roupas GG em toda a história da feira.

Fiz peças maravilhosas e sedutoras tamanho GG e extra G, faltava a modelo!

Cheguei para a Jane e perguntei:

– Jane, você topa ser minha modelo na feira? Não estou te obrigando, é apenas um convite. Então? Aceita ficar em um estande, só de *lingerie*, em uma feira aberta ao público?

Ela olhou para mim e eu percebi a dúvida, a surpresa e o medo em seus olhos. Depois seu olhar se transformou em um olhar determinado, e ela respondeu:

– A senhora não me ensinou que tenho que gostar de mim? Se eu quero mudar, tenho que ter atitude! Quer melhor atitude que essa? Quando eu começo?

Posso dizer que ela sofreu todo tipo de piadas e discriminações por parte das outras modelos na feira, porém não arredou pé!

Tanto que o público feminino da feira adorou Jane, e também a nossa proposta de mostrar que, independentemente do tamanho, toda mulher pode e deve se sentir linda, amada e poderosa. Nosso estande estava sempre lotado de mulheres, que sorriam agradecidas e encantadas com a ideia.

Chegou o dia em que a feira foi aberta à imprensa. Quando os repórteres chegaram com suas câmeras e microfones, todas as modelos fizeram pose e prepararam seu melhor sorriso. Quando

Jane preparou sua pose linda e altiva, as outras modelos riram. Ela caprichou mais ainda! Eu olhava de longe, torcendo por minha amiga, pois sabia que era uma batalha que ela teria de vencer sozinha!

E o problema não era a gozação das modelos. Era como Jane escolhia reagir a tudo aquilo. As pessoas só ocupam em nossa vida o lugar que determinamos.

Jane tinha duas escolhas: escolher ser infeliz por causa da situação e fazer daquilo uma tortura todos os dias ou não dar importância a pessoas com cérebro de ameba, se sentir linda, se divertir e aprender com aquela experiência. Ainda bem que ela escolheu a segunda opção.

Como eu ia dizendo, as portas se abriram, a imprensa entrou ávida por informações. Quando chegaram no começo do corredor, onde estava localizado nosso estande, todas as modelos de todos os estandes se posicionaram na porta dos mesmos. Os repórteres passaram por todas, e foram direto entrevistar a modelo escolhida por eles como a sensação e assunto da feira: Jane!

Os *flashes* estouravam, o microfone era dela, a imprensa estava maravilhada com a ideia. Jane falava sorridente para todo o Brasil sobre como ela se sentia linda, sexy e maravilhosa. Ensinava a todos que a verdadeira beleza nunca será somente corpo, mas autoestima e atitude. Todos aplaudiam suas palavras.

As lágrimas de alegria e orgulho silenciosamente corriam pelo meu rosto enquanto eu também aplaudia, pensando comigo: “Ela aprendeu, ela aprendeu!”.

Depois de um tempo, Jane me viu colocando um anúncio no jornal, à procura de uma secretária para me assessorar nos eventos pelo país.

– Posso tentar?

Respondi:

– Jane! Isto não é para você, querida. A pessoa precisa ter muitos conhecimentos.

Ela me olhou com toda a determinação do mundo e disse:

– Descobri que eu sou um diamante. Eu só preciso de uma chance, me mostre o que é preciso fazer e eu farei da melhor forma possível!

Dei a ela essa chance! Aliás, ela se deu essa chance. Há 14 anos Jane é minha secretária, e seu trabalho é nota 10, elogiado por todos. Com isso, ela mudou radicalmente sua vida profissional. Quem a vê, linda, maravilhosa, cheirosa, entrando e saindo de aeroportos, resolvendo questões importantes, dirigindo um evento com centenas, às vezes milhares de pessoas, não imagina jamais como era Jane antes de fazer a "dieta da felicidade".

Hoje posso dizer que ela é Jane, uma mulher gorda, linda, abusada, alto-astral, maravilhosa, charmosa, boa de cama, gostosa, sensual, romântica, saudável, ousada, vitaminada, independente, absoluta, poderosa, amada, antenada, diamante e feliz!

Jane por Jane

Eu era uma pessoa muito depressiva. Só vivia chorando. Acreditava que a causa da minha infelicidade estava no meu excesso de gordura. Detestava espelhos. Aliás, minha casa não tinha espelhos, e quando eu via algum, passava bem longe.

Vivia de cabelo amarrado, camisetão, cabisbaixa e infeliz. Por incrível que pareça, tinha um namorado, mas era um homem que me colocava para baixo o tempo todo. Ele dizia que, fora ele, eu nunca encontraria alguém na vida porque eu era gorda e feia. E eu acreditei nisso durante treze anos da minha vida. Recebia migalhas de afeto e agradecia por isso.

Conheci os ensinamentos deste livro quando comecei a trabalhar na casa dessa pessoa maravilhosa que é Nelma Penteado. Com seus ensinamentos, ela mudou minha vida, me mostrou que sou linda, maravilhosa e que mereço ser feliz.

A primeira coisa que fiz foi comprar um espelho bem grande. Depois, deletei a "criatura" da minha vida e fui em busca de algum homem que me valorizasse do jeito que sou.

Hoje tenho um namorado que me ama muito. Ele é um homem maravilhoso, que me diz o tempo todo o quanto eu sou linda, gostosa, maravilhosa. Minha vida profissional também mudou para melhor no momento em que comecei a acreditar mais em meu potencial.

Posso dizer que culpava a gordura pela minha vida infeliz e pelo meu relacionamento infeliz. Isso era um grande engano. Hoje estou com os mesmos quilos, porém amo meu corpo, minha alma está leve, meu coração canta e minha autoestima está nas alturas, porque aprendi que vida feliz é uma escolha. E hoje esta é a MINHA escolha!

Mudanças assumidas

Muitas coisas mudaram depois dessa minha escolha! O pânico praiano no verão sumiu! Nada mais de me enrolar com uma canga do tamanho de uma barraca para cobrir o corpo e ficar grudada na cadeira. Passeio na praia, jogo frescobol, entro no mar, curto o pôr do sol, sentindo a água gostosa bater em meus pés quando caminho.

O medo de enfrentar o lençol com um homem não existe mais. Decidi que sou gostosa, essa é minha decisão e é assim que interajo com a "criatura" que está tendo o privilégio de dividir a cama comigo.

O resultado? Tesão à flor da pele, orgasmo explosivo e, no outro dia, dez recados no celular me pedindo bis. Aí eu avalio se o rapaz vale a pena ou não, porque não sou mais escolhida: quem escolhe sou eu!

Também acabou o desespero ao ver cada estria que se instala na minha bunda. Eu me cuido, mas sei que tem coisas que vão chegar e sem mandado judicial. Nada mais de imaginar que meus culotes são a tragédia do mundo. Tragédia do mundo é a fome, a violência, a ameaça nuclear, a morte dos bebês focas e a poluição que hoje está destruindo o planeta.

Ser feliz é atitude: já que não nasci para ser gazela, mas sim leoa, vou ser uma leoa deslumbrante. Já fiz dieta e o peso voltou. Já fiz lipo e o peso voltou, já fiz simpatia e o peso voltou. Então, se esta é minha estrutura, escolhida por Deus, decidi me amar e me assumir gostosíssima! Simples assim!

A partir daí, escolho roupas que valorizam este corpão tesudo, me ponho cheirosa e o melhor de tudo é que minha alegria e minha autoestima estão em alta. Em vez de ser triste porque não sou Gisele, não perco um filme da Queen Latifah, e adoro as entrevistas da Oprah! Não recuso mais o prazer infinito de um jantar regado a vinho, risoto de camarão (dos grandes e com creme de leite) e petit gateau *de sobremesa, para ficar tristemente ruminando alface no canto da sala.*

Hoje sou supergostosa e de bem com a vida. Minha saúde está em ordem e meu astral também. Podem me chamar pra sair que eu vou; se me chamam pra dançar, eu já estou lá, rebolando a "buzanfã" com toda a graça e sensualidade do mundo. Quero, enfim, viver, pois a vida é linda demais pra ser desperdiçada.

Nem me venha com aquele papo idiota de "o que eu faria com uns quilos a menos". Isso não me atinge mais! Uma vida feliz não se resume a quilos a mais ou a menos, mas a boas escolhas e atitudes certas.

Quando você tem autoestima, boas escolhas e boas atitudes, a vida te dá o melhor.

Aliás, acho sempre que o melhor ainda está por vir...

Animada, pensei: se aconteceu com Jane, se aconteceu com milhares de mulheres nos cursos e palestras, pode acontecer também com as mulheres que tiverem a oportunidade de ler o livro e aplicar seus ensinamentos. Esta é minha vontade! Esta é minha missão pessoal!

A diferença

Conversando com alguém sobre o meu projeto, ouvi o seguinte comentário: "Esquece essa ideia! Não se dê ao trabalho de escrever esse livro, pois você nunca vai conseguir mudar a cabeça de todas as mulheres infelizes por causa do corpo. São milhares no mundo. Seu livro será como uma gota de água no deserto!". Respondi contando a seguinte história:

Um menino da cidade foi morar à beira-mar. Todas as manhãs, ele olhava pela janela e via a praia coberta por milhares de estrelas-do-mar, trazidas pelas ondas e depositadas na areia. As estrelas-do-mar logo morreriam em contato com o sol se não fossem jogadas novamente na água. Mas fazer isso era uma tarefa impossível, pois elas estavam espalhadas por quilômetros e quilômetros de praia.

Também todas as manhãs ele percebia um menino, filho de pescador, recolhendo as estrelas-do-mar trazidas pelas ondas e jogando-as de volta na água. Certo dia, não suportando ver o filho do pescador trabalhar tanto e tão inutilmente, resolveu conversar com ele. Chegou e disse:

– Menino, não adianta de nada o seu trabalho. São centenas de quilômetros de praia, milhares de estrelas-do-mar, e todo dia o mar joga mais estrelas. Então, como pode ver, seu gesto não faz diferença nenhuma.

O menino olhou para ele e, sem parar o seu trabalho, respondeu:

– Sei de tudo isso. Mas sei também que não importa que sejam milhares as estrelas-do-mar... Naquelas em que eu tocar, farei a diferença.

No dia seguinte bem cedo, quem olhasse a praia, veria dois meninos salvando estrelas-do-mar.

Conclusão: sei perfeitamente que não posso mudar o pensamento e as atitudes de todas as mulheres do mundo, para que elas aumentem sua autoestima, tomem atitudes positivas diante da vida, acreditem mais neste Deus maravilhoso, acreditem em seu poder feminino e sejam mais felizes.

Mas tenho certeza, assim como o filho do pescador tinha, de que para aquelas em que eu tocar (seja por meio dos cursos ou deste livro) EU FAREI A DIFERENÇA!

Então, amiga, deixe-me ter a pretensão de fazer a diferença em sua vida. Seja minha estrela-do-mar!

Leia, aplique, acredite, raciocine e, acima de tudo, DIVIRTA-SE!

Gorda, gordinha ou o quê?

– Gorda é xingamento!
– Não acho, não! Só se você acreditar que é!
– Gordinha diminui a mulher! É pejorativo...
Parece mulherzinha ou algo assim.
– Eu gosto. Acho carinhoso!
– Que tal Gorda Linda e Simpática?
– A sigla vai dar GLS! Olha a confusão!

– Prefiro Fat Woman!
– Estamos no Brasil, mulher.
– Gosto mais de gordota!
– Rima com anedota!
– Por que não gorducha?
– Gordona é melhor!
– Por que não gordonona?
– Delirou?
– Que tal fofa?
– Me faz sentir uma almofada!
– Blá, blá, blá, blá...

Ao longe, observava aquele grupo de mulheres maravilhosas, que eu havia convidado para escolher como denominar a heroína deste livro.

Essa heroína é você, que está lendo este livro neste exato momento.

Elas não chegaram a nenhuma conclusão, nem eu. Como não dá para agradar a gregos e troianos, resolvi apelar para meu voto de minerva como autora (nossa, como fiquei mitológica de repente!) e decidi optar por dois nomes:

GORDA, que eu acho um nome enfático e com personalidade!

GORDINHA, que eu acho carinhoso!

Amiga leitora, seja gorda, gordinha, quase gorda, *fat woman*, GLS (gorda linda e simpática), gordota, gorducha, gordona, gordonona ou fofa, identifique-se com o que achar melhor e curta sua leitura, pois este livro foi feito com carinho para você.

A história de todas

As histórias contadas neste livro são as histórias de todas as mulheres gordas que já passaram pela minha vida, por meio do meu trabalho. Também são relatos das minhas próprias impressões e experiências.

Todas elas são baseadas em fatos reais. Para contá-las, juntei várias vozes, olhares, emoções, mensagens verbalizadas e por vezes não verbalizadas de milhares de mulheres gordas que cruzaram meu caminho. Ao ler as histórias, perceba as mensagens de autoestima e felicidade que eu procurei imprimir em cada página, para que você as aplique e mude sua vida para melhor, muito melhor!

A viagem

Vamos agora viajar por vários assuntos, e enquanto estiver passeando comigo nestas páginas, pense em suas escolhas!

Escolhi assuntos aleatórios que por vezes se interligam, por vezes não, mas todos têm uma mensagem para você. Será como uma viagem de trem olhando pela janela, passando por estações diferentes: ora uma paisagem, ora outra, mas todas fazendo parte do mesmo contexto. Vamos nessa?

Primeira estação
Aterrissando na vida adulta

Gente grande

Pois é, a adolescência acabou e você virou gente grande! Grande em todos os aspectos!

Na vida adulta, nem tudo são flores. Para uma mulher gorda, muitas vezes, pode ser um dilema fazer coisas simples, como sentar-se em algum lugar, saborear uma refeição, escolher uma roupa, curtir um dia de sol. O mundo para uma gorda é, digamos, diferente em muitos aspectos.

Mas nada precisa ser um dilema, os dias não precisam ser horríveis e você não precisa se sentir a última bolacha do pacote! Não há motivo para isso, amiga!

Você pode escolher ser:

"Gente grande" infeliz e de mal com a vida!
"Gente grande" feliz!

A vida é um presente maravilhoso! Não desperdice essa dádiva!

O mundo da gorda

– *Tenho que enfrentar o mundo todos os dias! É uma guerra!*
Ouvi isso de uma mulher gorda e pensei como a vida dela devia ser infeliz! Já pensou enfrentar uma batalha todos os dias? O mundo para uma gorda pode ser diferente, mas isso não é sinônimo de "ser ruim". Basta tomar as atitudes certas!

Shopping

– Filhinha, se comer muito vai ficar igual àquela moça ali!

A "moça ali" era eu, andando no shopping no fim de tarde! Para qualquer pessoa, a ocasião é apenas um passeio. Para a mulher gorda, é um desafio!!

Como o shopping é uma aglomeração de pessoas, é natural também que resulte numa "aglomeração de comentários".

Caminhar olhando as vitrines é muito bom, mas quando ameaço entrar em uma loja, a primeira coisa que vejo é o olhar de terror da vendedora magricela, que já começa a explicar que *não tem o meu tamanho*!

Na loja de lingerie, só encontro aqueles calçolões cor de Band-Aid! Algo sexy para gorda? Nem pensar!

Na praça de alimentação, meu prato é mais observado que as estrelas por um astrônomo! Se como muito, escuto: "Só podia ser gorda mesmo, comendo desse jeito!".

Se como pouco: "Olha lá a gorda fazendo regime!".

Sair comendo uma barra de chocolate, então, é motivo para ser olhada como quem está cometendo um crime!

Academia

Este é um capítulo à parte! A única sensação que consigo ter é de que NÃO CONSIGO! Não consigo saltitar como uma fadinha alegre na aula de aeróbica, não consigo me contorcer como a moça do circo na aula de alongamento e muito menos acompanhar a música super-rápida do *step*.

É ótimo se exercitar, mas a academia é um lugar onde uma mulher gorda não é bem-vinda.

Basta olhar em todos os lugares. Se a academia tem catraca, prepare-se para entrar pela portinha do lado, pois dependendo do seu peso você não passa. A balança da academia vai até determinado peso, se você passou dele, nem a dita cuja quer você!

Aula de *bike*? Legal, mas meu bumbum engole o assento e fica tudo extremamente desconfortável lá embaixo, entende? Cadê a bicicleta para gordinha? Ah! Não tem?

Vamos para a esteira, então? Como? Não aguenta meu peso? Certo... certo... Posso então bancar a Schwarzenegger na aula de musculação?

Sei... Os aparelhos não são preparados para meu tamanho. Posso o quê? Fazer exercícios no colchonete no chão? Ah, tá! E depois você me ajuda a levantar a buzanfa de lá? Não? Ok!

Devolva minha matrícula, minha filha, e me chame quando a academia estiver preparada para me receber! Fui!

Família

É uma maravilha, porém todos ficam o tempo todo tentando me provar que eu seria mais feliz se fosse magra!

UFA! PARA O MUNDO QUE EU QUERO DESCER!

Como se pode ver, o dia de uma gordinha é um pouco diferente!

Mas cada pessoa segue se adaptando às suas diferenças! Uma pessoa alta encontra suas dificuldades; uma pessoa muito baixa também; ou muito magra, ou, no meu caso, muito gorda, ou com pés grandes, e por aí vai.

Parece que o mundo só aceita clones de Barbies e Kens!

E não é só com relação à aparência física que temos que nos adaptar. Por exemplo: uma pessoa tímida, ou insegura, ou ansiosa, ou depressiva, ou que fala demais, ou que não consegue se expressar também tem que se adaptar. Poderíamos falar também na adaptação de pessoas muito jovens, de pessoas muito velhas.

Pensando assim, percebemos que TODAS as pessoas têm algo com o que precisam lutar e se adaptar para ser aceitas.

Mas não devemos transformar o F.A. (fator de adaptação) em uma cruz! Quanto mais você se aceitar, quanto mais você levar numa boa seu F.A., mais chances terá de ser aceito também.

Então, amiga: sente-se, levante-se, agite os braços, coma, durma, faça amor, ria, gargalhe, viaje, passeie no shopping, na praia, faça academia se der vontade, ame a vida e aproveite cada momento.

Sim, eu sei que o mundo não está preparado para receber pessoas gordas. As catracas de ônibus e metrô são estreitas. As cadeiras nos cinemas e restaurantes também. No avião, então, é melhor nem comentar!

Mas, em vez de se revoltar, faça as pazes com o mundo e transforme seu mundo gordo em um lugar maravilhoso de se viver.

Faça pesquisas: escolha lojas para gordos, sites que falem sua língua, amigos que gostem de você e amores de queixo caído por sua pessoa. Mas isso não significa entrar em uma bolha gorda e se isolar. Apenas descubra o que há de melhor para seu F.A. e seja feliz!

Encerro esta mensagem com uma frase do maravilhoso filme *Robots*, que fala sobre essa péssima mania da sociedade de querer colocar todas as pessoas em uma fôrma igual. O filme mostra que cada um é útil, lindo e perfeito à sua maneira. Então, lembre-se: não importa do que você é feita, você pode brilhar!

Agora vamos conhecer outras mensagens para seu maravilhoso mundo de mulher gorda (Sim, ele é maravilhoso, e espero conseguir fazer você pensar assim até o final deste livro!) Aproveite!

Ponto de referência

– Ali, perto daquela gordinha!

Pronto! De repente, descobri que eu era ponto de referência. As pessoas não falam nunca "Ali, perto daquela mulher!". Sempre é: "daquela gordinha"!

Ser gorda é ponto de referência universal. Achou a gorda? Então achou o que você estava procurando.

No começo eu me magoava, mas depois comecei a perceber que a mágoa era causada por mim mesma, a partir do momento em que considerava a palavra gorda como ofensiva.

Mas, pensando bem, não é o fato de sermos gordas que nos habilita automaticamente a ser ponto de referência. Se observar melhor, vai ver que TODO MUNDO É! As pessoas dizem, por exemplo:

– Ali, ao lado daquele rapaz com cabelo azul, sapato amarelo e blusa roxa!

– Ali, ao lado daquele homem negro, de óculos escuros tocando tuba!

– Ali, ao lado daquela morena em cima da árvore fazendo tricô!

– Ali, ao lado daquela criança tomando sorvete de jiló!

– Ali, ao lado daquela velhinha fazendo *strip-tease!*

– Ali, ao lado daquele E.T.!

– Ali, ao lado da magricela com óculos de fundo de garrafa!

Viu? As pessoas têm a tendência de transformar os outros em ponto de referência. Aposto que você também já fez isso! Te peguei agora, não? E não é xingamento nem nada. Apenas estão descrevendo o estado físico do "ponto de referência": gordo, magro, alto, baixo, amarelo, espichado, enfim.

Pense no lado positivo da coisa:

- Os pontos de referência são uma ajuda aos seres humanos perdidos.

- Os pontos de referência auxiliam no desenho de mapas.
- Sem a existência dos pontos de referência, as pessoas não saberiam exatamente para onde ir e ficariam vagando com uma expressão patética no rosto. Seria um caos para o planeta.
- Haveria um aumento considerável no gasto de solas de sapato e combustível, pois sem os pontos de referência as pessoas levariam o dobro do tempo para encontrar o que procuram.

Então, minha amiga, quando seus ouvidos perceberem que você acaba de se transformar, naquele exato momento, em ponto de referência, não esquente a cabeça. Lembre-se de que você está sendo útil para a humanidade e continue apreciando tranquilamente a paisagem.

Como não explodir com tanta pressão?

Muitos acham que os gordos são destituídos de ouvidos ou sentimentos. Falam coisas que magoam, que machucam a alma, e não se dão conta da devastação emocional que uma simples palavra, um olhar irônico ou um ato de desprezo pode causar.

Ninguém no mundo está imune a isso! Mas as gordas são alvos pesados – com trocadilho e tudo – de situações assim.

Quando as pessoas só conseguem enxergar o tamanho do nosso corpo, quando a partir daí fazem julgamentos a torto e a direito, o que sobra para a gorda, na maioria das vezes, é a dor!

DOR da vergonha de ter um corpo gordo!

DOR do complexo de culpa, por acreditar que não emagrece por preguiça ou falta de força de vontade!

DOR pelo fracasso diante das dietas!

DOR por ser considerada idiota, inferior, feia e desleixada, sendo que não é nada disso!

Essa dor começa então a dar lugar a outros sentimentos, como vergonha, raiva, tristeza e frustração!

A vergonha vem do sentimento de que você deve ser algo muito ruim, a partir do momento que seu corpo é considerado algo detestável! Ao acreditarmos nisso, tudo desmorona!

Ser gorda também se torna em nossa mente sinônimo de ser horroroso, inaceitável e ruim!

Quando uma mulher diz "Acho que estou gorda!", na realidade, seu coração e sua mente estão gritando: "Estou me sentindo péssima com minha aparência. Desculpe, mundo, mas eu falhei e cá estou horrorosa e ruim!"

A vergonha do corpo afeta todas as mulheres, mas em especial as gordas. E isso por causa de uma sociedade que acredita que existe peso e tamanho corretos para ser aceito.

Quem se encontra fora desse padrão é o tempo todo, em particular e publicamente, humilhada de uma forma ou de outra. Essa humilhação vem de todos os lados: de estranhos na rua, de familiares, amores e até amigos bem-intencionados. Com isso, o sentimento de vergonha só tende a aumentar.

Suzan Wooley disse algo que toca o coração: "Se a vergonha pudesse curar a obesidade, não haveria uma única pessoa gorda no mundo!".

Mas como podemos então lutar contra essa dor, vergonha e tristeza? De várias maneiras! Por exemplo:

Aumente seu autoconceito!

Toda dor, toda vergonha e tristeza vêm da aceitação que você tem, de todas as ideias negativas que lhe são impostas sobre gordura!

Sei que você não poderá mudar os pensamentos do mundo; mas tem o poder de mudar o mundo de pensamentos que tomam conta da sua mente e destroem sua felicidade! Esse poder é SEU, e ninguém poderá tirá-lo de você.

Então, comece desde JÁ a construir e fortalecer um autoconceito POSITIVO sobre si mesma, de forma que não haja espaço em sua mente e coração para os conceitos negativos impostos pelos outros.

Autoconceito é a imagem que você faz de si mesma. Isso é algo poderoso, pois determina toda a qualidade de vida, para melhor ou para pior.

Por exemplo, se a imagem que tenho de mim é a de uma mulher linda, maravilhosa, ótima profissional, boa amiga, boa filha, esposa e mãe sensacional, esse autoconceito positivo vai gerar, em meu coração e mente, paz, autoestima e felicidade. Por outro lado, se a imagem que tenho é a de que sou uma mulher feia, horrorosa, péssima profissional, mãe e esposa medíocre, esse autoconceito negativo vai demolir minha autoestima, o que vai gerar dor, depressão, afastamento e tristeza.

Lembre-se: todos esses conceitos nada têm a ver com gordura! É sua escolha o modo como vai pensar a respeito de si mesma!

Acontece que muitas mulheres gordas misturam tudo: enxergam que são ruins por causa da gordura, não param para pensar em suas qualidades e muito menos explorar essas qualidades de forma positiva. Não faça isso, NUNCA!

Ser gorda pode ser a ÚNICA coisa que os outros enxergam em você, mas nunca poderá ser a ÚNICA coisa que você enxerga em si mesma!

Ao se enxergar com um autoconceito bem positivo, você estará caminhando para ser uma mulher vencedora e feliz.

Concentre-se no que você tem de bom

Faça uma lista de todas as coisas em que você é realmente boa e concentre-se nelas. Podem ser coisas pequenas ou grandes, não importa. Escreva, por exemplo: sou ótima profissional, sei fazer uma torta de morangos como ninguém, sou ótima mãe, boa amiga etc.

Coloque na lista também os desafios que você já venceu na vida. Coloque a lista na bolsa, no banheiro, ao lado da cama. Leia-a com frequência, e a cada dia vá descobrindo e acrescentando mais e mais itens.

Antes, a única coisa que eu sabia sobre mim é que era gorda! Tudo girava em torno disso. Comecei a pensar então em outras coisas que eu "também era": ótima advogada, ótima desenhista, amante sensacional, boa filha etc.

Hoje me sinto bem com TUDO que sou. E o fato de ser gorda deixou de ser um dilema em minha mente, pois agora sei que há mais do que isso.

Sim, sou gorda, este é meu corpo e agradeço a Deus por ele, pois com este corpo consigo realizar muitas coisas boas. Percebi que hoje não tenho mais tempo nem vontade de me preocupar com os preconceitos dos outros e com essa história de ser infeliz!

Mude a óptica!

"É legal ser roliça!", diz Oprah Winfrey, a maior apresentadora de *talk show* dos Estados Unidos. E ela está certa! Encare o fato de ser gorda como algo positivo! Espere! Não feche o livro! Sei que depois de ser bombardeada tanto tempo com mensagens de que ser gordo é "RUIM", você também acredita nisso, e não enxerga nada de positivo nesse fato!

Além do quê, as mulheres gordas passam a vida odiando cada pedacinho de seu corpo, e não enxergam mais nada além da muralha de raiva, tristeza, vergonha e frustração que construíram a seu redor. Mas pense como é o dia de uma mulher assim...

- Acorda de manhã e se arrasta até o banheiro, maldizendo o fato de ser gorda.
- Tem horror a se olhar no espelho e evita isso o máximo que pode.
- Pega a primeira roupa que vê, pois acredita que não vale a pena caprichar no visual.
- Encara o café da manhã como inimigo público número 1.
- Já sai de casa com raiva do dia e das pessoas que terá que enfrentar e assim vai, até a hora de dormir!

Não me diga que se identificou com essa mulher! Amigaaaaa, pare! Imagine essa situação ano após ano.

É de enlouquecer, não é mesmo?

Escute

O fato de você ser gorda não é um horror, mas a maneira como encara isso é!

Minha proposta: em vez de armar uma muralha de dor e raiva à sua volta, construa uma ponte de amor por si mesma, positivismo, proteção aos seus sentimentos, paz e harmonia com a vida.

Vamos lá! Até hoje você tentou a muralha e nunca deu certo! O que vai custar me ouvir e ao menos tentar pensar de modo diferente e construir uma ponte?

Ah! Não sabe enxergar nada de positivo na gordura? Vou te dar algumas dicas, vindas de mulheres que destruíram a "muralha" e construíram "a ponte". Veja estes depoimentos:

Antes, eu entrava em um lugar e era imediatamente notada por todos. Isso me incomodava. Ficava com raiva e ia embora. Estava claramente atrás da muralha de dor, me defendendo. Hoje, quando entro e as cabeças se viram em minha direção, penso: como é bom impor a minha presença!

Destruí a muralha e construí uma ponte de comunicação harmoniosa com o mundo. Não me incomoda mais ser o centro das atenções, pois sei hoje que sou uma rainha, e todas as rainhas, quando entram, causam sensação no ambiente, não é mesmo?

Quando estava atrás da muralha, o fato de ser grande me incomodava. Hoje sei que ser grande também é algo bom, assim como ter um grande coração, ter atitudes grandiosas, realizar coisas grandes. Hoje sei que muito mais do que apenas ser uma pessoa grande, sou uma GRANDE PESSOA.

Meu abraço é o mais gostoso do mundo! Quando estava dentro da muralha, não abraçava ninguém, nem me deixava ser abraçada. Grande perda de tempo! Hoje, construí minha ponte, abraço o mundo e adoro isso!

Quando você passa a reconhecer que ser gorda também pode ser sinônimo de ser maravilhosa, poderosa e absoluta, seu estilo de vida muda para melhor!

Pegue o martelo agora, destrua essa muralha (nem que seja um pouquinho a cada dia) e construa a ponte mais magnífica do planeta!

Ao fazer isso, seu ponto de vista positivo sobre si mesma passa a ser independente do ponto de vista negativo dos outros. Seu ponto de vista positivo será também contagiante para todas as pessoas à sua volta.

Você focaliza sua atenção nas suas qualidades, em coisas positivas, e passa a viver em plena harmonia com seu corpo, mente e coração. Você descobre que nunca será "pequena" em suas qualidades, e isso aumentará a cada dia sua confiança. Até que finalmente chegará o dia de descobrir que você vale todo o seu "peso em ouro".

Mas tudo isso é um processo que não acontece da noite para o dia. Seja gentil e paciente consigo mesma. Pense: só por hoje, vou destruir minha muralha e construir uma ponte. Será uma vitória por dia!

Não se acomode!

- "Não vou conversar com ninguém nesta festa, porque todos vão reparar na minha gordura. É melhor ficar quieta no meu canto."
- "Nunca vou arrumar namorado porque sou gorda. Então, é melhor nem tentar!"
- "Para que me arrumar se sou gorda mesmo?"
- "Não vou conseguir emprego melhor porque sou gorda!"
- "Sei que este homem não me ama, só quer me usar! Mas, como sou gorda, sei que é o melhor que vou conseguir!"
- "Fazer uma brincadeira sensual? Nem pensar! Uma gorda deve é ficar quietinha e agradecer o momento de sexo que está tendo, pois pode ser o último!"

Não seria difícil reunir milhões de frases como essas, pronunciadas por mulheres que se acomodam diante da vida, colocando toda a culpa na gordura! Com isso, elas deixam de viver e nem percebem! Eu digo: NÃO SE ACOMODE! Não use a gordura como desculpa para as coisas que não tem coragem de fazer ou realizar! Não use a gordura como desculpa para sua ACOMODAÇÃO!

Faça uma experiência: coloque no papel tudo que não consegue fazer pelo fato de ser gorda. Depois, estabeleça um prazo que considere razoável e tente fazer cada uma dessas coisas. Mas tente pra valer, até conseguir!

Aqui vão alguns exemplos:

- Numa festa, inicie uma conversa, faça amigos e divirta-se. Não fique sentada em um canto, fingindo ser uma peça de "mobília"!

- Conheça homens interessantes (veja como fazer isso no capítulo sobre paquera e sedução). Sinta-se linda, maravilhosa e inicie um relacionamento com um homem que valha a pena!
- Cuide de sua aparência como se fosse uma princesa: cabelo, batom, roupa limpa e bonita, pele em ordem etc.
- Estude, trabalhe, batalhe, mande currículos. Quando for chamada para uma entrevista, seja simpática e sorridente. Comporte-se como alguém que tem algo muito bom para oferecer, não como alguém que está implorando para ser aceita.
- Aumente sua rede de contatos!
- Não permita ser usada como capacho de ninguém!
- Na cama, com alguém que valha a pena, aproveite o momento!

Enfim, procure não se acomodar! Agora, se preferir ficar aí sentada, se lamentando, lembre-se: a escolha é SUA!

E não me venha dizer que não escolheu ser gorda! Não! Realmente não escolheu! Mas está escolhendo não lutar por sua felicidade toda vez que se isola do mundo! E são essas atitudes que estão estragando a sua vida, não a gordura! Pense nisso!

Conta pra mim: seu único pensamento é emagrecer?

– Ah! Quando eu for magra...

A maioria de mulheres gordas não vive no presente. Vive no passado, relembrando o tempo em que eram magras, ou no futuro, sonhando com o dia em que se tornarão magras.

Passam o tempo todo pensando em emagrecer. No quanto seriam felizes se fossem magras. Não é para menos. Abra qualquer revista feminina e verá, em algum lugar, um anúncio em letras bem grandes: EMAGREÇA E SEJA FELIZ!

Se você pertence a esse clube de mulheres, deixe-me avisá-la: pare!

Pare de sonhar em como será feliz quando for magra amanhã. Comece a pensar em como ser feliz sendo gorda hoje!

Porque o amanhã a Deus pertence, e você nem sabe onde estará, como estará e "se estará"!

Sonhar é bom, desejar algo é bom, mas desperdiçar a vida por causa disso é péssimo. Não desperdice a vida sendo infeliz no presente e sonhando com um futuro que talvez nunca aconteça. Seja feliz hoje!

Reescreva sua história!

Vamos lá, eu te ajudo a sair do clube das MGDV (Mulher Gorda Desperdiçando a Vida), e entrar no clube das MGVI (Mulher Gorda Vivendo Intensamente). Basta começar a mudar seus pensamentos, pois seus pensamentos geram atitudes, que geram os acontecimentos em sua vida. A forma como você pensa é que vai determinar o clube ao qual pertence, MGDV ou MGVI.

Em vez de pensar como uma Mulher Gorda que Desperdiça a Vida, pense como uma Mulher que Vive Intensamente! Quando o pensamento deprê aparecer, substitua-o imediatamente pelo pensamento certo e reescreva sua história!

MGDV – Se eu fosse magra, eu amaria o verão!
MGVI – Eu amo o verão!

Reescrevendo sua história: você pode amar o verão hoje! Passeios, sorvete, praia, noites lindas, amigos. Basta querer!

MGDV– Se eu fosse magra, não teria medo da balança!
MGVI – Eu nem tenho balança!

Reescrevendo sua história: pare de viver com terror da balança!

MGDV– Se eu fosse magra, eu não teria inveja das minhas amigas magras!
MGVI – Minhas amigas magras têm inveja de mim, pois sou tudo.de.bom.com!

Reescrevendo sua história: mesmo que você fosse magra, com certeza teria inveja de suas amigas. Uma mulher nunca está satisfeita com o que tem. Inveja feminina é algo "genético".

MGDV– Se eu fosse magra, qualquer roupa ficaria bem em mim!
MGVI – Todas as roupas que escolho ficam bem em mim!

Reescrevendo sua história: uma roupa que cai bem não é privilégio de magras, é privilégio de quem tem bom gosto, autoestima e sabe valorizar seus pontos fortes.

MGDV – Se eu fosse magra, entraria na loja de *lingerie* sem medo de passar vergonha!
MGVI – Adoro *lingerie*!

Reescrevendo sua história: entre de queixo erguido e escolha as peças que tem vontade, sem medo de ser feliz!

MGDV – Se eu fosse magra, não teria vergonha de ficar nua na frente de um homem!
MGVI – Eu adoro ficar nua na frente de um homem!

Reescrevendo sua história: o homem que tiver o privilégio de partilhar um momento íntimo com você, com certeza vai gostar de cada pedacinho de seu corpo. Basta você acreditar, se sentir poderosa e gostosérrima!

MGDV – Se eu fosse magra, poderia comer sem culpa!
MGVI – Eu como sem culpa!

Reescrevendo sua história: no dia em que se livrar da culpa e aprender a conhecer os alimentos que fazem bem ao seu corpo, à sua mente e ao seu coração, você será muito mais feliz!

MGDV – Se eu fosse magra, poderia paquerar à vontade, sem medo de ser rejeitada!
MGVI – Menina! Como eu gosto de paquerar!

Reescrevendo sua história: um sorriso, um olhar, um charme, um mistério não são privilégios de mulheres magras.

MGDV – Se eu fosse magra, aproveitaria mais o sexo!
MGVI – Eu aproveito o sexo!

Reescrevendo sua história: a gordura nunca vai te impedir de desfrutar esse presente maravilhoso que é uma noite de sexo gostoso, com um homem que está ali para dar e receber prazer. Não é seu corpo que vai te impedir de ter uma noite prazerosa. Será sua mente! Então, liberte-se e curta o momento!

MGDV – Se eu fosse magra, entraria em qualquer lugar sem chamar a atenção!
MGVI – Eu adoro chamar a atenção!

Reescrevendo sua história: e daí que você chama a atenção? Qual é o problema? Querida, quando alguém entra em qualquer ambiente, as cabeças se viram mesmo para olhar. Isso é natural do ser humano. Não encane achando que é só com você. E digo mais: ao entrar, pare na porta, poderosa, por um segundo e entre como uma rainha! Aliás, você é uma rainha, apenas se esqueceu disso!

MGDV – Se eu fosse magra como a Barbie, teria mais homens interessados em mim!
MGVI – Eu tenho muitos homens interessados em mim, porque sou linda!

Reescrevendo sua história: em primeiro lugar, as proporções da Barbie não são reais e nunca seriam possíveis num ser humano de verdade. Se ela fosse real, com aquelas proporções, teria que andar de quatro. Em segundo lugar, amiga, você não é a Barbie, mas pode fazer qualquer homem andar de quatro atrás de você, independentemente de sua proporção. Basta ter atitude positiva, autoestima e fazer as escolhas certas!

MGDV – Se eu fosse magra, minhas fotos seriam lindas!
MGVI – Saio muito bem em fotos! Meu sorriso é imbatível!

Reescrevendo sua história: o que a câmera focaliza é seu alto-astral, sua autoestima e sua alegria. Tudo isso é refletido na sua postura, no seu sorriso e no seu olhar. É isso que as lentes captam. O problema não é como você enxerga suas fotos, mas como você se enxerga!

MGDV – Se eu fosse magra, seria mais feliz!
MGVI – Eu sou feliz!

Reescrevendo sua história: vida feliz é uma escolha! Tem muitas mulheres magras em depressão profunda, morrendo de anorexia, tomando quilos de remédios! Não é a gordura ou a magreza que vai determinar sua felicidade! É a sua escolha de viver cada momento encarando a vida como um presente!

Bom ou mau conselho?

– Você realmente deveria emagrecer!
– Se você perder alguns quilos, vai se sentir melhor!
– Você já pensou "seriamente" em emagrecer? Tenho uma dica infalível!
– Tenho uma receita infalível para acabar com a gordura!

Por mais que as pessoas pensem que estão falando essas coisas para o nosso bem, ou como se estivessem nos revelando os mistérios do Universo, digo que esses conselhos para uma pessoa gorda soam como uma espécie de sentença, pressão ou julgamento.

As pessoas gordas, caso você não saiba, já tentaram de tudo para emagrecer. Conhecem todas as dietas, tabelas de contagem de calorias, e, por mais que você pense o contrário, nunca irão se sentir bem diante do seu conselho bem-intencionado!

Sim, sei que foi bem-intencionado, mas experimente trocar as sugestões acima por algo como:
– Você realmente deveria ser feliz!
– Se você começar a se amar mais, vai se sentir melhor!
– Você já pensou seriamente em ser mais feliz? Tenho uma dica infalível!
– Tenho uma receita infalível para aumentar sua felicidade!

Veja bem: não quero dizer que as pessoas gordas são necessariamente infelizes, mas a mensagem escondida na frase "Você precisa emagrecer!" soa como se fosse "Você precisa emagrecer para, só então, ser feliz!".

Existem praticamente dois tipos de pessoas que insistem para que as gordas emagreçam: aquela que está incomodada com o peso da gorda e aquela que era gorda, perdeu peso e se acha no direito de dizer a todos que seriam mais felizes se fizessem o que ela fez!

Parece que o mundo combate os gordos. Que gordo incomoda! Pessoas gordas são bombardeadas o tempo todo com a mensagem de que a felicidade plena está no planeta dos magros. E isso não é verdade! A felicidade está na alma, não no corpo. Quantas *top models* são infelizes! Marilyn Monroe, Rita Hayworth, ícones da beleza, sofriam de depressão. Por outro lado, quantas gordinhas são extremamente felizes?

Nós sabemos que os conselhos são para o bem. Sabemos que são para nossa saúde e bem-estar. Sim, sabemos que evitar carne vermelha, comer folhas de alface e evitar doces pode, talvez, dependendo de nossa genética, nos fazer emagrecer. Mas queremos também viver num mundo com pudim de leite, chocolate e pipoca quentinha! Hum! Que delícia!

É lógico que uma alimentação saudável faz superbem, e deve ser mantida. Fazer exercício também é ótimo, e todos nós devemos fazer sempre. Mas eu posso fazer tudo isso e ainda assim continuar gorda.

Então, o problema está menos no meu peso corporal do que no peso da minha autoestima. Se já tentei de tudo, quero ser feliz hoje, parar de sofrer por causa do meus quilos a mais e me amar completamente.

Se todas as mulheres se amassem plenamente, na verdade haveria um caos mundial! Os cirurgiões plásticos e terapeutas seriam os primeiros afetados.

A indústria farmacêutica de antidepressivos também!

Os homens ficariam mais espertos e tratariam bem melhor suas mulheres, porque muitas são infelizes com seus parceiros por falta de amor-próprio.

Falando em conselhos para emagrecer, me contaram a seguinte história: “Um rapaz na faculdade chegou para a garota gorda, cheio de boas intenções, e disse: ‘Querida, você é uma pessoa maravilhosa, pode ter quem quiser a seus pés! Além disso é uma mulher talentosa, inteligente e muito linda!’”.

A essa altura, a gordinha estava nas nuvens. Aí, o rapaz continuou: "A única coisa que te falta é força de vontade para emagrecer! Vamos lá! Com um pouco de força de vontade você vai ser muito feliz, quando emagrecer, tenho certeza!".

O rapaz virou as costas, achando que tinha realizado um sermão melhor que o da montanha. Mas o que ele deixou para trás foi uma moça com o coração mais frio e quebrado do que um monte de pedras!

Quantas pessoas "de boa intenção" não fazem isso? Melhor seria que elas trocassem o disco, mudasem a mensagem! Aí, sim, estariam ajudando, com certeza!

O que você faria com uns quilos a menos?

Vi uma propaganda em que várias mulheres gordas respondiam com ar sonhador a pergunta acima com frases do tipo:

– *Faria as pazes com o espelho!*
– *Usaria biquíni no verão!*
– *Faria um desfile de* lingerie *para meu amado!*
– *Tomaria um banho de espuma!*
– *Olharia um homem nos olhos!*
– *Seria mais feliz!*

E eu, sentada, ouvindo esses absurdos e o sangue fervendo, fervendo! Dava vontade de estapear aquelas mulheres, para que elas acordassem para a vida e percebessem que não são "os quilos a mais" o que as impede de fazer tudo isso!

Dava vontade de gritar toda vez que a propaganda aparecia! Outro dia, vi a mesma campanha, só que agora transformada em concurso. A melhor frase ganharia uma viagem etc. etc. O sangue ferveu outra vez!

É, amiga, "meu sangue ferve por você", então, "pelamordeDeus", me escuta: você não só pode como deve fazer as pazes com o espelho, usar um biquíni maravilhoso no verão, fazer um desfile de *lingerie* para seu amado ao som de um jazz maravilhoso, tomar um longo e demorado banho de espuma, olhar qualquer pessoa nos olhos e ser feliz!

Não é a gordura que te impede de fazer isso! Acredite em mim, pois sou gorda e faço tudo isso. É a minha escolha de vida!

Então, faça um favor a si mesma quando ouvir a pergunta "O que você faria com uns quilos a menos?", simplesmente pense: "Tudo o que eu já faço agora, pois esses quilos não me impedem de nada em minha vida!".

E vá curtir seu banho de espuma!

Enfrentando piadas e gozações

Uma coisa é certa: a piada, a gozação, o comentário irônico, o olhar zombeteiro vão chegar!

E chegam de repente, sem aviso, pegando você desprevenida! Mas acorde! Em vez de ficar aí concordando comigo e enfatizando que isso acontece porque você é gorda, enquanto entoa um mantra de autopiedade do tipo sou infelizoonnnnnnnn, pare e me escute: isso acontece com qualquer pessoa!

"Mas com a gorda muito mais", dirá você! Não é bem assim. Todo mundo já recebeu um apelido na vida: cabeção, pintor de rodapé, orelhão e por aí vai. Mas não quero falar dos desafios de outras pessoas. Quero falar de você! Quero te libertar do medo!

Medo de ouvir a próxima gozação, seja lá de que forma venha embrulhada: olhares, palavras, gestos. E a chave para se libertar é a escolha!

Quando ouvir qualquer tipo de depreciação, escolha dar à pessoa a atenção que ela merece; ou seja, a mesma atenção que você dá quando encontra um cocô de cachorro no meio do seu caminho: desvie e não pense mais no assunto.

Ficar com raiva e pisar na coisa só vai fazer você ficar "mais envolvida ainda" e mais "suja", além do que chamará muito mais a atenção para o fato. Fora isso, você passará dias tentando se livrar do "cheiro" que vai ficar impregnado em suas lembranças e te deixando triste.

Amiga, você tem escolha:

Se magoar, se autodepreciar mais ainda, ficar com medo de sair de casa, ficar remoendo as palavras que te machucaram, permitindo com isso que te machuquem de novo, e de novo...
Ou
Pensar "isso é cocô de cachorro"! Não merece minha atenção porque sou linda, gostosa, maravilhosa e vou gastar meu tempo pensando em coisas e pessoas que me trazem alegria.

Vá por mim: quando a lembrança ameaçar te machucar, imediatamente dê uma ordem ao seu cérebro: "cocô de cachorro", e passe a pensar em outra coisa, algo que traga alegria e paz interior.

Tem uma música maravilhosa do Jota Quest que diz assim:

Ei, dor, eu não te escuto mais! Você não me leva a nada...

E se quiser saber pra onde eu vou, pra onde tenha sol, é pra lá que eu vou!...

Minha amiga, a vida é curta demais para escolhermos passar momentos dando ouvidos à dor. Não permita que a dor leve momentos preciosos de sua vida embora. Pergunte-se: "Vale a pena pagar esse preço tão alto de perder horas, dias e semanas da minha vida me preocupando com esse assunto ou com essa pessoa? Vale a pena eu deixar me machucar tanto?".

Tempo de vida é o bem mais precioso que você tem. Aproveite-o da melhor maneira possível! Quando a escuridão tentar abraçar seu coração, escolha enchê-lo de luz, com pensamentos e atitudes que tragam paz, vida e alegria. Não escolha chafurdar em "cocô de cachorro"! Vá para onde tenha sol! Nos encontraremos lá!

Os outros e eu

Uma vez que você conhece a si mesma, seu potencial e seu valor, você fica livre da opinião dos outros. A opinião negativa dos outros sobre você muitas vezes é a verdadeira causa de toda a sua tristeza e vergonha.

Queremos ser amados, elogiados, reconhecidos de forma positiva. E quando algo em nossas vidas faz essa atenção ser negativa, entramos em desespero.

Isso é normal! Mas não pode virar sua lei! Você pode mil vezes ser chamada de inadequada, fora de padrão, mas quem escolhe o que vai sentir e como reagir a isso é você. As pessoas ocupam apenas o espaço que permitimos que seja ocupado. Se já falei isso aqui, estou falando de novo.

E aí, qual é a sua escolha: vai afundar num poço de solidão ou criar asas e voar leve e solta sobre tudo isso? Saiba que essas asas nascem da autoestima e de um autoconceito forte e positivo.

Sabe o que mais pode estragar sua vida, se você deixar? (Entendeu a parte do *se você deixar?*) Não são seus quilos, são as pessoas que não te aceitam como você é!

- O patrão que não te deu aquela vaga que você merecia!
- O namorado que te chutou depois de limpar sua conta bancária
- O cara da net que estava teclando superbem com você e depois da primeira foto enviada respondeu: *Mas você é gorda?!*
- A amiga do trabalho que te usou como escada para subir de cargo
- A moça da loja que te tratou mal
- As pessoas que te menosprezaram...

E não balance a cabeça afirmando pra mim o quanto você é coitadinha. Analise bem se isso só acontece com pessoas gordas! Claro que não!

Você não é coitadinha e essas pessoas estão certas!

– Cuméquiééééé??!!

Não! Não me vire a cara! Entenda o que eu quero dizer! Cada pessoa no mundo está preocupada com o seu próprio bem-estar! Até Madre Teresa de Calcutá fez o bem enorme que fez porque aquilo era o prazer maior da sua vida.

Não estou chamando Madre Teresa de egoísta! Estou dizendo que cada pessoa está preocupada com sua própria sobrevivência e, consciente ou inconscientemente, age de acordo com isso. Algumas pessoas têm motivos nobres, são boas pessoas, mas outras, não!

E é aí que mora o perigo! Madre Teresa pensava em fazer o bem, pois isso era a razão da vida dela. O patrão que não te deu a vaga pensava na empresa dele. E você ficou triste porque pensava em você naquele momento, no seu possível emprego! O namorado que te chutou pensava nele, e você pensava no prazer afetivo e sexual que perdeu quando ele foi embora. Veja: cada um pensando em si próprio e nos motivos que o levam a agir do que jeito que age. É genético: quando você nasceu já chorava pensando no seu leitinho.

Então, não se trata de julgar comportamentos certos ou errados. O que estraga sua vida é o modo como você deixa a atitude das pessoas atingir você. Da próxima vez, sabendo que cada um está pensando no próprio umbigo, em vez de amargar dias de derrota de uma recusa no emprego, procure outro. Em vez de se atirar pela janela por causa de um homem, faça a fila andar e fique mais esperta antes de abrir o coração tão rápido. Quanto a amizades falsas, risque-as de sua vida. E se alguém te tratar mal em algum lugar, mude de lugar ou chame o gerente e peça para ser atendida por outra pessoa. Quando alguém te menosprezar, trate o assunto com a mesma atenção que daria a uma pulga, ou seja, cuide de si mesma e não permita que os outros estraguem sua vida.

Percebeu que não falamos de gordura aqui? Todo mundo passa por situações difíceis com "os outros". Isso é o resultado de se viver em sociedade. Daí que transferir a culpa da nossa infelicidade para os nossos quilinhos por causa da atitude dos outros, desculpe, é burrice!

Escolha uma atitude maior, voe por cima dessas situações e seja feliz!

Consultório sentimental

Toda mulher tem seu momento de divã, se perguntando sobre as coisas que estão atrapalhando sua felicidade e incomodando sua alma! Recebo centenas de e-mails por mês, fora as perguntas que são feitas pessoalmente nos cursos. Relacionei algumas dessas perguntas aqui. Uma delas pode ser a sua também!

Não saio!

Oi Nelma, tudo bem?
Assisti ao programa do Clodovil e sua entrevista foi um show. Pelas suas palavras, percebi que gordinha tinha vez, e me interessei ainda mais pela entrevista. Minha autoestima está lá no chão! Engordei muito e não tenho vontade de sair. Aliás, não saio. Evito o máximo. Isso porque tenho vergonha do meu corpo. Como sou gorda, me privo de muitas coisas. Me acho bonita de rosto, só! Será que você poderia me ajudar?
Um beijo com admiração.

Querida enclausurada:

Gordinha tem vez sim, pode apostar! Você vai conseguir se ajudar se ler e aplicar o que digo neste livro. Para começar, quanto tempo você vai continuar perdendo em sua vida, sem sair do seu casulo, se privando de viver intensamente, só pelo fato de achar que ser gorda é algo de que precisa se envergonhar? Não precisa! Você é uma pessoa maravilhosa, com capacidade para sair, viver intensamente e está jogando tudo isso fora.
Faça uma experiência: arrume-se bem bonita (porque você é!), saia para se divertir e só por um dia, um dia apenas (se não conseguir um dia, tente horas), esqueça que tem vergonha de si mesma. Divirta-se como se você fosse morrer amanhã. Ao voltar para casa, analise o dia que teve e perceba quanto tempo perdeu deixando de viver! Por amor a você, faça essa experiência e depois repita-a quantas vezes quiser.
Superbeijo!

Será?

Nelma!
No fim do mês eu faço aniversário de casamento. Porém, faz muito tempo que essa data passa em branco, pois não tenho coragem de fazer nada. Vi uma reportagem sua e fiquei me perguntando: será que gordinhas como eu podem fazer coisas sensuais? Será

que não vai ficar ridículo eu fazer um strip-tease *para meu marido? Só a ideia me dá pânico. Faz tempo que ele não me procura mais. Depois dos filhos, engordei muito e na verdade parei de procurá-lo. Quando ele chegava perto, eu tinha a certeza de que estava fazendo aquilo como um favor, só para eu não me chatear, então eu inventava sempre uma desculpa. Sinto que ele me ama, mas não me procura. Por mim, acho até melhor, mas estou profundamente infeliz. Será que mesmo gorda ainda posso atrair meu marido?*

Querida amiga em pânico:

Se eu ganhasse dez centavos toda vez que escuto uma mulher me dizer que o marido perdeu o desejo sexual por ela depois que ela engordou, eu estaria mais rica que o Bill Gates.

O seu marido perdeu o tesão por você porque você própria perdeu esse tesão! Homens gostam de mulheres que gostam de si mesmas. Pense: como ter tesão por uma mulher largada e desanimada no sofá, com aquela camiseta velha, pantufa e cara de "afaste-se porque morro de pena de mim mesma"? Se seu homem tivesse tesão por uma mulher assim, eu acharia que ele tem algum problema!

Cadê aquela mulher de camisola transparente, salto alto, olhar de tesão e carinha de "vem cá, meu bem"?

Ah! Entendi! Você não faz mais isso porque já que engordou, apertou a tecla: "dane-se, já que engordei nada mais funciona"? Supererrado amiga, supererrado! Você engordou, sua autoestima diminuiu, mas suas atitudes diante da vida diminuíram mais ainda. A maior culpa dessa perda de tesão da parte dele não é da gordura, mas da sua própria atitude diante do fato de ser uma mulher gordinha. Pra você é um caos e por causa disso você transformou sua vida conjugal em um caos. O seu homem apenas está refletindo o resultado de seus pensamentos e atitudes.

Seu homem está com você, acompanhou passo a passo suas mudanças, porém não foram as mudanças do seu corpo que o afastaram. Cadê aquela mulher de riso fácil, sensual, alegre e cheia de energia que ele conheceu? Cadê aquela mulher que preparava surpresas e fazia ele pensar que a vida era uma festa? Essa mulher sumiu, dando lugar a uma mulher que se enxerga tanto como porcaria que o homem só pode pensar que está mesmo convivendo com uma montanha de lixo.

Relacionamento é algo para ser vivido a cada dia. Pare de culpar seu homem, pare de se lamentar pelo fato de ter engordado, pois isso não é impedimento nenhum para sua felicidade, e comece a tomar atitudes agora mesmo para mudar tudo. Pense em todas as maneiras pelas quais você pode se tornar uma mulher gorda desejável, cheia de tesão por ele e pela vida.

Pense e faça, pois só de pensar morreu um burro. Levante já desse sofá, tome um banho gostoso, fique linda e, quando ele chegar, em vez de encontrar uma mulher relaxada e lamentadora, vai encontrar a mulher pela qual se apaixonou um dia. É essa mulher que ele deseja, independentemente do tamanho do corpo. Vá! Feche o livro e comece a mudar sua vida!

Depois me conta! Beijos, amiga.

Matar!

Nelma, querida!

Detesto passear no parque ou em qualquer outro lugar público. Sou gorda e por isso todo mundo fica me olhando e me apontando. Quero matar as pessoas que ficam me olhando toda vez que tomo um sorvete, estou caminhando ou simplesmente sentada. O que fazer?

Querida maníaca do parque:

Todas as pessoas do mundo, quando estão em algum lugar público, são olhadas. As pessoas olham as pessoas. Porém, você se incomoda tanto com o fato de ser gorda que faz de cada olhar uma agressão. Sim, concordo que tem muita gente idiota no mundo, mas

para que pensar em matá-los? Eles já estão mortos na sua visão medíocre da vida.
Tome seu sorvete, dance no parque, gargalhe, caminhe, coma seu *hot dog* quentinho e não dê bola para a torcida. A vida é mais do que viver com ódio do mundo e dos outros, querida. Todo esse ódio envenena só a você mesma. Te espero lá no parque!
Beijos

Nunca viram!

Nelma, socorro!
Namoro um rapaz faz seis meses. Estamos indo superbem e agora ele fez o tão sonhado convite de me apresentar à família dele. Já conheço todos por telefone, são supersimpáticos e atenciosos comigo. A irmãzinha dele me adora. Porém eles não sabem que eu sou gorda e meu amor nunca contou também. Não sei o que fazer! Sei que quando perceberem que sou gorda vão começar a atormentar meu amado para que ele me largue. Ele vai ser motivo de gozação na família. Ele diz que não falou nada, não porque queira esconder, mas porque realmente não se importa com isso. Estou insegura! O que faço?

Querida, nunca te vi, sempre te amei:

Se seu amado não coloca o fato de você ser gorda como algo que mereça destaque e comentário é porque ele não dá a mínima importância a isso, e você deveria fazer o mesmo.
Parece que a família está para descobrir "o segredo da bomba atômica"!
Você está colocando uma grande emoção em uma coisa pequena: que importância tem o fato de você ser gorda? Não importa mais o amor que vocês sentem e a história que estão prestes a viver juntos? Não seja você a estragar isso, amada.
Se atormentarem seu bem depois, creio que ele é bem grandinho e resolvidinho para lidar com isso, não acha? Prepare-se linda e poderosa, seja a pessoa maravilhosa

que eles conheceram ao telefone e faça dessa visita algo muito agradável para todos. Imagine eles receberem em casa uma mulher assustada, apática, nervosa, calada, quieta e sem sal! Totalmente diferente daquela que conhecem e amam por telefone. E tudo por quê? Porque você é gorda? Sai dessa!

O problema aí não é a cabeça da família dele, mas a sua cabeça em relação a si mesma. Mude isso, sinta-se valiosa e amada e você perceberá isso nas pessoas à sua volta.

Deixe seu bem continuar tendo o orgulho de você que ele sempre teve.

Beijocas.

Primeira!

Nelma!

Li seus livros e adoro suas reportagens. Peço ajuda no seguinte: estou com um rapaz maravilhoso e sinto que logo, logo acontecerá nossa primeira noite de amor. Na realidade eu estou adiando e enrolando há tempos. Você sabe: vestida me sinto bem, mas só de pensar em tirar a roupa na frente dele, ele me tocar nua em pelo... Tremo só de pensar! Li um artigo que a autora (não era você) dizia que toda gorda deveria fazer amor usando uma camisola larga e não tirar em hipótese alguma. Isso ajuda?

Querida Camisolão:

Ai, ai, ai, ai, ai! Amiga, esse homem já te deseja do jeito que você é! Além do que, fazer amor com alguém que nos ama é maravilhoso e isso não pode estar acompanhado de medo, pavor, insegurança, baixa estima e tabus. Coloque-se linda, cheirosa, perfumada, com uma camisola coladinha ao corpo. Na hora em que estiverem se amando, perceba que ele vai ser o primeiro a querer tirar sua camisolinha sexy fora. Nesse momento, deixe e se entregue para dar e receber prazer! Se você sentir tesão por você, ele vai sentir. Se você sentir pena e rejeição por você, ele vai sentir também. Simples assim!

Quanto à ideia do camisolão faça de conta que nunca leu um absurdo desses. Não seria uma camisola, seria um escudo escondendo você de seu amor. Seria uma muralha, te impedindo realmente de se soltar e ser feliz na cama.
Beijos!

Dinheiro!

Nelma!
Pedi um dinheiro emprestado e estou em uma lan house *te escrevendo. Sabe, não tenho dinheiro para nada, vivo basicamente da ajuda de amigos e familiares. Não sou doente, sou uma pessoa comunicativa quando quero, porém tenho depressão por ser gorda. A partir daí já sei que não serei aprovada em entrevistas de emprego. Mesmo quando consigo trabalho, a pressão é tão grande de ser a gozação da galera que logo acabo abandonando. Qualquer palavra ou olhar torto me magoa. Em razão disso, minha vida financeira é um caos.*
Dá para ter sucesso profissional mesmo sendo gorda?

Querida sem lenço nem documento:

Milhares de pessoas têm sucesso profissional e isso independe do fato de serem gordas ou magras. Tá bom que o mundo aceita melhor as magras, mas uma pessoa competente se mostra pelo seu próprio valor. Você está deixando pessoas que te magoaram antes e pessoas imaginárias destruírem sua vida e seu futuro. Não vou bancar a cinderela aqui: você vai ser discriminada em algumas entrevistas, se começar a trabalhar poderá receber piadinhas da galera, como já aconteceu antes. Porém, a grande solução para isso é você mudar o modo como encara essas situações: como uma gorda derrotada, pobre e infeliz OU, OU, OU como uma mulher gorda competente, bem-humorada, bem-sucedida e feliz.
Minha secretária pessoal é gorda, supercompetente e não dá a mínima bola para as piadas. Enquanto o povo perde tempo com isso, ela estuda, se aperfeiçoa,

trabalha e procura fazer o melhor. Os resultados são visíveis em sua vida.
Ri melhor quem ri por último. Procure colocar seus talentos para brilhar e vá à luta. Quando tiver uma entrevista de emprego, por favor, não entre de cabeça baixa, como quem tem algo para pedir. Entre de cabeça erguida, sorriso confiante, como quem tem algo muito bom para oferecer. Trabalhe, estabeleça suas metas de vida, passe como um trator pelas pessoas que procuram te machucar e vença. Pense em uma formiga tentando machucar um trator. É assim que você vai encarar as pessoas que estiverem em seu caminho para te fazer mal. Você continua seu caminho e as deixa para trás.
Beijos e beijos.

Cruel!

Oi, Nelma!
Namoro um rapaz há algum tempo. Sabe, antes dele fiquei um tempão sem ter alguém que se interessasse por mim. Acho que é pelo fato de eu ser gorda, né? Sou tímida e retraída por causa disso, mas até que enfim apareceu alguém. É legal poder dizer que tenho um namorado. O problema é que ele não me dá a atenção que eu gostaria. É comum ele precisar de dinheiro emprestado (sempre ajudo, mesmo sem ele pedir, pois quero o melhor para a vida dele, e ele passa por grandes dificuldades) ou desaparecer uns dias a trabalho. Não ligo muito. Ruim é na cama, pois ele sempre reclama do meu peso, da minha gordura, diz que meus seios são feios, minha perna é gorda... Enfim, essas coisas. Mas sei que nenhum namoro é perfeito e vou levando, pois acredito que ele me ama, senão não estaria comigo, podendo escolher qualquer mulher magra do planeta.
Ele faz aniversário no final do mês e eu queria dar um presente inesquecível. Você tem alguma ideia?

Querida, só é cego quem quer:

Tenho uma ideia para um presente, sim: um belo pé na bunda enfeitado com fitas coloridas!
Presenteie-se a si mesma, querida: não permita mais que sua vida seja relacionada com alguém que só te põe pra baixo, te suga, não te dá a mínima, te menospreza e só te procura quando quer. Você merece mais do que migalhas. O fato de você ficar sem namoro reside mais na ideia de você ser retraída e tímida do que no fato de você ser gordinha, pois isso não é impedimento para ninguém encontrar uma pessoa legal.
Use seu dinheiro para viajar, fazer um curso de dança, de teatro ou qualquer outra coisa na qual você possa interagir com pessoas, aprender a se soltar e se divertir muito. A pessoa certa vai aparecer, mas você tem que perder essa mania de aceitar tranqueira em sua vida.
Pare de ser cega e achar que ir levando é uma boa coisa, pois não é. Cada minuto gasto com essa criatura não volta nunca mais em sua vida, e um dia esse tempo fará falta.
Beijinhos.

Faço e pronto!

Nelmaaaaa!
Adoro suas entrevistas. Estou aqui para dizer que sou uma gordinha muito feliz, bem resolvida e de bem com a vida. Fiz seu curso e minha autoestima foi nas alturas. Hoje não deixo ninguém, mas ninguém mesmo, me colocar para baixo. Comecei a trabalhar, paquero muito e sou paquerada também e tudo mudou, amiga. Quando tenho vontade de fazer alguma coisa, faço e pronto! A vida é uma só e o que quero é ser feliz! Beijão pra você!

Querida decidida:

Parabéns por fazer as escolhas certas. Sempre digo e repito que vida feliz é uma escolha, e você hoje é a prova disso.
Beijos!

Subiu!

Cara Nelma!
Partilhar com você este momento em minha vida é algo muito especial. Sempre me senti uma pessoa de bem com a vida. Sou gordinha, mas aprendi a viver intensamente, pois sei que isso, por mais que os outros queiram martelar em nossa cabeça, nunca foi o fator responsável pela minha infelicidade. Mas tinha uma barreira enorme na hora da sedução. Precisamente sedução entre quatro paredes. Fazer amor, tudo bem, mas colocar jogos eróticos em prática, como uma massagem sensual, eu não tinha coragem, não.
Li um de seus livros e fiquei inspirada. Preparei tudo, mas me sentia como uma garotinha no primeiro dia de aula, ou seja, um tanto quanto apavorada.
Bom, quando ele entrou, a expressão de seu rosto já me fez ficar mais segura. Fiz tudo com delicadeza, tesão, sensualidade, e a noite foi o máximo. Subiu minha autoestima, aliás, cá entre nós, subiu tudo, rsrsrs. Hoje sei que posso fazer tudo e entendi o que você sempre diz: vida feliz é uma escolha! Obrigada, querida! Já estou preparando o "bis".

Querida inspirada:

Uhuuuuuuuuuuuuuu! Ebaaaaaaaaaa! Amada, se as mulheres soubessem o poder que têm de deixar um homem enlouquecido de amor e desejo, elas seriam mais felizes. Você descobriu esse poder, que está na atitude! Parabéns, viu? Continue assim, avassaladora! Beijão.

Amplo prazer!

Nelma!
Quando te escuto falar que gordinha também pode, que todas nós podemos ter felicidade, que gordinha é sensual e poderosa, fico aqui concordando com a cabeça. Sou um exemplo vivo de tudo isso. Ninguém nem nada me põe pra baixo. Passeio no shopping,

tomo meu sorvete, como meu lanche, danço, faço amor, trabalho, sou paquerada, escolho sempre uma pessoa bacana para ficar comigo, amigos legais e não tenho neuras com o espelho, pois quando me olho procuro ver sempre todas as bênçãos que Deus me dá todos os dias. Uns dias são mais fáceis, outros mais difíceis, mas não deixo de lutar por minha felicidade.
Obrigada, Nelma, por confirmar tudo aquilo em que acredito.

Querida Poderosa:

Obrigada a você por existir e me fazer ter mais força para mostrar às mulheres que felicidade, independentemente do tamanho do seu corpo, é possível, sim!
Grandes e imensos beijos.

Segunda estação
Viva sua beleza

Você é linda! No momento em que começar a enxergar isso, sua vida vai mudar!

Linda!

Essa palavra não só pode como deve fazer parte de seu vocabulário. Você é linda! Isso não é mentira, não é piada, não é pegadinha! No momento em que começar a enxergar isso, sua vida vai mudar.

Quando me falavam que eu era linda, eu ficava com mais vergonha ainda, pois achava que a pessoa no mínimo estava fazendo uma brincadeira de mau gosto.

No momento em que eu comecei a acreditar nisso, espantosamente muito mais pessoas (e inclua homens nessa lista) começaram a me enxergar assim também: linda, maravilhosa, poderosa.

Comece agora a mudar a sua história! Quando olhar no espelho (sim! olhe-se no espelho! Compre um enorme e coloque no seu quarto como eu fiz, pois ele não é seu inimigo público número 1!), aprecie-se, namore-se. Escolha algo que você considere bonito e vá ampliando mais e mais. Pode ser o sorriso, suas unhas, seu cabelo, seus seios... Amplie essa lista até ela te tomar por inteiro.

Tudo que importa é você trocar esse olhar crítico que tem de si mesma por outro mais amoroso e passar a se enxergar linda!

- Sinta-se linda!
- Enxergue-se linda!
- Verbalize isso!
- Viva isso!

E seja infinitamente muito, mas muito mais feliz!

Adote um novo ponto de vista sobre si mesma e viva assim, um dia de cada vez. Temos apenas algumas décadas para viver, portanto, perder horas, dias, meses e anos insubstituíveis amargando aborrecimento, mágoa e frustração por causa de quilos a mais ou a menos é morrer em vida.

Falar é fácil!

– Amiga, não é fácil ficar se achando linda se o restante do planeta não te enxerga assim! Falar é muito fácil! Mas no dia a dia a situação é outra!

Ouvi isso de uma moça gorda e muito infeliz. Ela tem razão: falar é fácil!

E para você que já está aí concordando com a cabeça, pronta para fechar o livro e me esquecer, eu te digo que falar é fácil, mas pensar e agir de acordo com as palavras é que vai fazer toda a diferença!

Não! Não dê esse sorriso sarcástico e desacreditado! Também não me diga: "Se você passasse pelas situações que eu passo, não estaria dizendo que é fácil!".

Lembre-se: eu sei o que você passa! Eu conheço a maldade das pessoas e a mania que muita gente tem de rotular os outros, e não é só com os gordos, mas com qualquer um!

Para mudar isso você tem que justamente parar de só falar!

Precisa SENTIR que é realmente linda!

Se você só fala, mas nem você mesma acredita, que força terá diante das pressões do dia a dia?

Amiga, o segredo é S-E-N-T-I-R!

- Sentir que é especial!
- Sentir que tem valor!
- Sentir que tem o direito de ser feliz!
- Sentir que pode e deve se proteger de pessoas e atitudes que te desagradam!
- Sentir que a vida foi feita para ser aproveitada por todos!
- Sentir que é linda!

Quando começar a sentir isso de verdade, perceberá uma força interior muito grande! Nesse momento, falar "eu sou linda" será fácil, porque será verdade, não só para você, mas para todo mundo à sua volta também!

O que é a beleza?

Essa pergunta não pode ser respondida por ninguém em sua vida. O problema é que, desde que nascemos, deixamos que os outros (família, amores, sociedade, amizades, escola etc.) definam qual é a beleza ideal para nossas vidas. Aí começa a infelicidade!

Aprendi que essa pergunta tem que ser respondida unicamente por você! É o seu conceito que importa, e a partir do seu conceito sua vida será feliz ou infeliz! Mas lembre-se sempre: a escolha vem de você e não dos outros!

Muitas mulheres gordas sofrem demais porque se guiam pelos padrões de beleza impostos pela sociedade! Aliás, TODAS as mulheres sofrem com isso, não só as gordas!

Meu conceito? Você já sabe, porque vivo repetindo na sua orelha ao longo deste livro: descobri que beleza é estar de bem com a vida, com o próprio corpo e com a própria alma!

Não dou a mínima para rótulos, porque a partir do momento que eu tentar viver de acordo com os conceitos ditados por todos, certamente serei infeliz!

Querida, dê um chute nos conceitos de beleza que magoam e machucam você, dê "uma banana" bem grande para tudo e todos que fazem você se sentir feia, inadequada ou inferior por causa de sua aparência, seja ela qual for, e acredite sempre que você é bela!

Sereia ou baleia?

Uma academia de São Paulo, que prefiro não citar o nome, colocou um *outdoor* que dizia o seguinte: "Neste verão, qual você quer ser? Sereia ou Baleia?".

Uma mulher enviou a eles a sua resposta e distribuiu o seguinte e-mail por aí:

"Baleias sempre estão cercadas de amigos. Baleias têm vida sexual ativa, engravidam e têm filhotinhos fofos. Baleias amamentam. Baleias andam por aí cortando os mares e conhecendo lugares legais como as banquisas de gelo da Antártica e os recifes de corais da Polinésia. Baleias têm amigos golfinhos. Baleias comem camarão à beça sem culpa e são felizes com o peso e o corpo que têm. Baleias esguicham água e brincam muito. Baleias cantam muito bem e têm até CDs gravados. Baleias são enormes e quase não têm predadores naturais. Baleias são bem resolvidas, lindas e amadas e muitas viram estrelas em Hollywood. Sereias não existem. Se existissem, viveriam em crise existencial: sou um peixe ou um ser humano? Não têm filhos, pois matam os homens que se encantam com sua beleza. São lindas, mas tristes e sempre solitárias... Academia querida, prefiro ser baleia!".

A academia retirou o *outdoor* na mesma semana!

Minha opinião:

Seja você uma Baleia ou uma Sereia, estamos aqui neste mundo para aprender, evoluir e procurar sempre fazer o melhor. Seja acima de tudo FELIZ DO SEU JEITO!

Autoestima gordinha!

Muitas mulheres pensam que a felicidade está em vestir uma calça 36 ou ver a fita métrica sobrando em volta da cintura!

Bobagem! Isso é conversa fiada para vender porangaba. Sai fora dessa mentalidade já, antes de entrar numa baita depressão.

Se isso realmente fosse felicidade, não haveria tantas magras solitárias, depressivas ou se sujeitando a ficar com homens em troca de migalhas e até tomando antidepressivos para combater a tristeza. As anoréxicas, então, seriam as mulheres mais felizes do planeta!

Então, se o seu caso é achar que sua infelicidade vem da sua gordura, pare já com isso. Pare de culpar a gordura! Culpar a gordura é fácil, mas só vai fazer você se enxergar cada dia pior! Você acaba se fechando dentro de um casulo grande e gordo e não vê felicidade em nada!

A verdadeira beleza vem da autoestima. Tá! Você está cansada de ouvir isso, mas será que não é porque é verdade? Não é clichê de livro de autoajuda, não, amiga. Funciona mesmo! Sei disso por experiência própria e enxergando milhares de mulheres que passam por meus cursos todos os meses.

Então, vamos lá, enxugue essas lágrimas, retoque seu batom, suba no salto e procure perceber quanta coisa linda a vida te reserva! Olhe-se a partir de hoje como uma mulher linda, com valores incríveis e com muita coisa boa para oferecer!

Eu acredito na sua beleza! Acredite você também! Comece uma operação-limpeza em sua vida! E o primeiro lugar a ser limpo é o seu coração! Jogue no lixo todas aquelas mensagens que te fazem acreditar que é infeliz por ser gorda! Acredite! Você é infeliz por escolher acreditar que a gordura é a sua ferida exposta!

No lugar desses pensamentos, coloque a atitude de se proteger e de lutar pelo que deseja para sua felicidade. Tome um banho gostoso – banho de alma, lavando todas as impurezas de pensamentos que fazem com que você se sinta inferior.

Coloque uma roupa linda, mas saiba que a roupa que vai deixá-la mais bonita é a autoestima, com certeza! É gostar de quem você é e passar esse sentimento a todas as pessoas à sua volta, seja por meio de pensamentos, frases ou atitudes.

Perfume-se. O perfume mais incomparável vem das escolhas que seu coração fará a partir de hoje, em busca de felicidade. Perfume a vida escolhendo coisas agradáveis para si mesma.

Sorria para a vida e acima de tudo “colha seu dia”. Essa frase me faz refletir que cada dia é único e precioso e que não volta mais. Por isso devemos “colhê-lo”, saboreá-lo e desfrutá-lo da melhor maneira possível!

Encaro meus dias como um jardim. Ao acordar, percebo que às vezes o jardim foi queimado pelo sol, desolado pela chuva, devastado por alguma praga, mas SEMPRE sobra alguma flor linda e inteira esperando para ser colhida.

Em vez de me lamentar pelo que aconteceu ao jardim, escolho agradecer a beleza das flores que estão nele, colhê-las e viver aquele dia da melhor maneira possível!

Quem disse que é fácil? Mas eu procuro fazer assim mesmo. Faça você também! Seu problema não é a gordura, mas como você enxerga seu jardim. Então, amiga, *carpe diem*.

Espelho: amigo ou inimigo?

Vamos combinar de fazer as pazes com o espelho?

Esse "cara" que ocupa nosso quarto, nosso banheiro, o provador da loja, o teto das paredes do motel e até nossas memórias infantis, quando nos contaram que a madrasta perguntava: "Espelho, espelho meu, existe mulher mais bela do que eu?".

Na realidade, essa pergunta persegue todas as mulheres quando se olham no espelho. Sim, quer queira, quer não, todas temos uma madrasta dentro de nós! O espelho de muitas gordas responde sempre: – Sim, "ó rolha de poço", todas as mulheres do mundo são mais belas do que tu!

E nesse momento, em vez de matar a Branca de Neve, as gordas matam a autoestima, o amor-próprio, a alegria de viver e, com ela, a capacidade de ser feliz!

Essas mulheres não sabem que o espelho responde isso a todas as mulheres que não se gostam e acreditam que têm algum defeito!

Exemplos?

- As que acham que têm defeito no nariz, escutam a resposta do espelho assim: – Sim, "ó ladrão de oxigênio", todas são mais belas do que tu!
- As de óculos: – Sim, "ó quatro-olhos", todas são mais belas do que tu!
- As altas: – Sim, "ó vara de cutucar a lua", todas são mais belas do que tu!
- As baixas: – Sim, "ó salva-vidas de aquário", todas são mais belas do que tu!

E eu poderia ficar aqui citando mil exemplos. Se você se incomodou com a maneira como o espelho se refere às mulheres, digo que são elas que se referem a si mesmas dessa maneira! Digo, de uma maneira nada gentil!

Vamos entender, então, que o espelho vai responder exatamente o que você pensa DE SI MESMA!

Quando a madrasta perguntou ao espelho, ela já trazia em seu coração um sentimento de inferioridade por achar que a Branca era mais bela! Se ela não achasse isso, nem teria perguntado nada ao espelho.

O espelho só confirmou!!! O mesmo acontece com VOCÊ hoje! Ao se olhar no espelho, ele dirá exatamente aquilo que pensa acerca de si mesma. Mais nada! Captou?

Seu espelho não é seu inimigo. Você é! Então, que tal parar de atribuir a ele esse poder devastador de destruir sua autoestima e torná-lo seu melhor amigo e aliado? Afinal, ele te acompanha em tantos lugares. Viver fugindo, com medo dele, não é vida!

E por falar em Branca de Neve, veja as dicas práticas dos Sete Anões para fazer as pazes com o espelho!

Zangado

Pare de se olhar no espelho com "ar zangado", como quem enfrenta um julgamento! Chega daquela pose com ombros caídos, expressão derrotada e carinha de poucos amigos! Quando você age assim, é realmente impossível enxergar algo positivo refletido no espelho.

Soneca

Em vez de ficar se martirizando na frente do espelho à procura de defeitos, vá tirar uma boa soneca ou assistir a um bom filme, fazer amor, tomar um sorvete com calda de chocolate ou qualquer outra coisa mais interessante. Não perca tempo se torturando!

Atchim

Desenvolva "alergia" a todas as pessoas que têm o prazer de te colocar pra baixo e não se lembre delas nunca, muito menos na hora de se olhar no espelho!

Dunga

Seus ouvidos devem ampliar ao máximo a capacidade de captar mensagens boas e positivas sobre si mesma. Ao se admirar diante do espelho, repita mentalmente essas mensagens.

Dengoso

É assim que eu quero que você comece a se olhar no espelho: toda dengosa, charmosa e se sentindo a última Coca-Cola do deserto! Experimente! Faça pose de estrela e goste de cada pedacinho que vê, sorrindo para a imagem refletida!

Mestre

Ao se olhar no espelho, seja um mestre para encontrar e admirar tudo de bom que Deus te deu e agradeça por isso!

Feliz

Faça as pazes com o espelho, faça as pazes com a vida, faça as pazes consigo mesma e deixe o espelho refletir uma nova mulher: uma mulher que se ama e é feliz.

A balança!

Desça já daí, menina! Essa história de ficar se pesando o tempo todo só mostra que você gosta de sofrer! Além do quê, você está dedicando sua vida à pessoa errada, ou melhor dizendo, à coisa errada.

Antes de subir, dá frio na barriga; depois, frustração, ou euforia momentânea. Você sempre sai com um sentimento de perda: se emagreceu, fica eufórica e com medo do próximo encontro com a dita cuja, se não emagreceu, fica triste e com mais medo ainda de enfrentar o "batalhão de pesamento".

Tudo bem, você até desenvolveu algumas táticas, como tirar as roupas ou esvaziar os bolsos, tirar o ar dos pulmões ou pular fora no primeiro número positivo que a "carcará sanguinolenta" mostra, antes que ela mude de ideia. Mas e daí, se o resultado no final é um só: insatisfação e medo?

O número que sua balança "marvada" aponta só serve pra uma coisa: jogar no bicho!

É claro que devemos nos pesar de vez em quando, tirar altura, temperatura, pressão, essas coisas úteis que nos fornecem dados sobre nossa saúde, para mantermos um controle e o médico poder intervir quando necessário. Mas virar escrava da balança, se pesando todo dia, toda semana, e transformando aquele painel com números e ponteiros na razão da felicidade ou tristeza de sua vida, é demais. Parece que você transforma a balança em um juiz que aponta o dedo pra você, gritando: Confesse!

E o pior é que isso se torna um vício! Tem pessoas que se pesam quando acordam, ao meio-dia e antes de dormir! Aí, só internando mesmo; e não num spa, mas num hospi! Antes que isso aconteça, pare já e desça daí! Vá passear, se divertir, fazer algo mais proveitoso.

Sorrisos congelados!

Sentada na praça, senti os lábios ressecados. Num gesto natural, tirei o estojo da bolsa e retoquei o batom. Ao olhar no espelhinho, fiquei feliz com o resultado sensual em meus lábios. Foi então que ouvi:

– *Parabéns, uma moça deve ser mesmo vaidosa!*

Olhei e vi ao meu lado uma senhora de seus 80 anos, que sorria para mim. Envaidecida com o elogio, devolvi o sorriso. Foi então que ela terminou a frase:

– *Não é porque você é gorda que não deve ser vaidosa!*

Meu sorriso congelou no rosto. Sem notar, ela continuou:

– *Sim, minha filha, mesmo uma moça gorda como você deve ser vaidosa!*

Reunindo anos de meditação, calmamente respondi:

– Realmente, senhora! Parabenizo-a também, pois vejo que também está usando batom! (Aí naquele momento não resisti e a meditação foi para o brejo,) Não é porque a senhora é velha que não precisa ser vaidosa!

Então, foi o sorriso dela que congelou. E ficamos as duas, sorrisos congelados, pensando em nossas vidas, naquele banco de praça, num belo fim de tarde.

Nós duas temos razão! Toda mulher alta, magra, baixa, gorda, jovem, velha, morena, ruiva, loira, azul, vermelha ou seja lá o que for deve ser vaidosa!

Por que a vaidade?

Muita gente pode pensar: para que cuidar da aparência? Isso é algo superficial! O importante é cuidar do interior!

Boa parte das gordinhas pensa assim: "Para que me arrumar? Sou gorda mesmo, e o resultado final será sempre um só: gordura arrumada!".

Realmente, concordo que você não precisa cuidar dos cabelos, escovar os dentes, se arrumar, a partir do momento em que decidir morar numa tumba ou numa caverna. Lá, suas únicas visitas com certeza serão as baratas, e, elas não estarão nem aí para o seu visual!

Mas, lembre-se de que quem se ama se cuida, simplesmente para agradar à pessoa mais especial do planeta: VOCÊ MESMA!

Além do mais, a vida é um palco e a grande estrela do show é você. Todos à sua volta esperam para aplaudir ou vaiar a sua atuação. Na família, no relacionamento, no trabalho, em todos os lugares, sempre existe um momento em que você estará em foco. E é aí que mora o problema.

Se por causa do excesso de peso você coloca sua autoestima abaixo da linha da misericórdia, tem pena de si mesma e por isso não se cuida, eu te digo que a única coisa que ganhará serão muitas vaias e o prêmio de "Abacaxi do Ano".

Pare com isso! Preste atenção em você e no que realmente te falta! O que te falta?

– Me falta ser magra. Não dá pra ser feliz, pois quando me coloco diante do espelho, eu sei reconhecer todos os meus defeitos, pois sou realista!

Não, amiga, você não é realista. Você é infeliz! Pois a pessoa que se coloca na frente do espelho para contar defeitos nela mesma só pode ser infeliz. Gaste sua energia e seu tempo de outra maneira! Enxergue as bênçãos que Deus te dá todos os dias! E com esse pensamento, pergunto novamente: o que te falta?

Tem dois olhos? Não? Tem pelo menos um olho? Então deixe esse olho lindo e brilhante! Uma boa sombra e um rímel também ajudam.

Braços? Tem dois? Só um? Não importa: pulseiras fazem maravilhas ao visual.

Pernas? Tem duas? Uma? Meia, pelo menos? Com meia perna já dá para fazer muita coisa. Não se esqueça de passar um creme hidratante e perceba como a pele ficará brilhante e macia!

Hoje em dia existem produtos para tudo: pele, cabelo, mão, unha etc. Agora o importante nisso tudo é você. Pare de lamentar o que acha que não tem. Invista em tudo o que tem de bom. Realce tudo isso!

O que realmente importa são as qualidades que só você tem! Aquele beijo de arrepiar que só você sabe dar! Aquele carinho gostoso que ninguém faz igual! Aquela pessoa maravilhosa que todo mundo gosta! Aquele sorrisão que ilumina tudo ao seu redor!

Tanta coisa boa eu sei que você é capaz de fazer, e você fica aí escondendo o jogo, colocando a culpa na gordura! Fica aí só prestando atenção no "que acha que é defeito". Ah! Para, vai! Valorize-se! Mostre o seu melhor lado!

Viva a vida com alegria! Ela só vale a pena se for vivida assim. Se choro resolvesse alguma coisa, maternidade e velório seriam o paraíso na Terra!

E não se esqueça do seu visual, pois é seu primeiro contato com o mundo! Diz muito sobre você! E a senhora do banco da praça tinha razão. Quem te ensinou que gorda não pode ser vaidosa? Pode e deve. Aliás, isso serve para toda mulher!

Então, querida, nada de ficar parecendo trapo velho em fim de feira, nada de deixar os cabelinhos ressecados parecendo Bombril queimado, nada de se vestir com a camiseta velha que ganhou na última eleição, nada de ter a pele parecendo a superfície da Lua e nada de deixar as pessoas dizerem às suas costas: "Coitada! Tão mal arrumada que dá dó!".

Vamos lá, mocinha. Arregace as mangas e cuide da estrela que você já é! Além de fazer bem para seu corpo, fará maravilhas para sua autoestima, trará mais luz para sua alma e alegria para sua vida! Quer mais?

De quebra, você poderá descobrir que existe vida inteligente em cabeleireiros, clínicas de estética, manicures, lojas de roupas, perfumarias e todos aqueles lugares nos quais você nunca quis colocar os pés por vergonha do próprio corpo.

Essas pessoas não são seus inimigos. Estão aí para dar dicas valiosas a toda mulher que deseja incrementar seu visual! Vamos a algumas:

Dicas preciosas para a gorda vaidosa

Nota: escolhi esse título de forma proposital, para você perceber o que a palavra "gorda" provoca em sua alma. Se ao ler você se sente como se levasse um soco no estômago, é porque ainda não assimilou que "gorda" é apenas uma palavra. Apenas uma descrição do estado físico de alguém. São seus ouvidos que captam como algo depreciativo. Isso porque, no fundo, você se sente assim! Passe a ouvir essa palavra sem nenhuma conotação adicional. É apenas uma palavra! É você que escolhe o poder que vai dar a ela! Reflita sobre isso!

Visualmente falando

O aspecto visual é muito importante nesse processo de aceitação da pessoa maravilhosa que você é! Pratique todos os cuidados possíveis, não como uma obrigação, mas como uma redescoberta de si mesma!

Quando passamos a prestar atenção em nós mesmas de forma positiva, um mundo novo se abre, a vida passa a ter novas cores, além do que, é uma delícia olhar no espelho e gostar muito da imagem refletida! Mas gostar da imagem real, e não daquela imaginária!

Tem gente que não gosta do que vê, gosta apenas do que sonha ver. Sonhar é bom, mas temos sempre, sempre, sempre que valorizar tudo que temos. E pode acreditar que é muita coisa!

Crie seu próprio estilo, sua própria beleza, pois a beleza é um conceito. Você tem opções de conceito de beleza:

1. ou aceita o conceito que lhe é imposto diariamente pelos outros, mídia etc.
2. ou escolhe seu conceito e o impõe aos outros.

Eu fiz a segunda opção. Estar de bem com a vida, antes de mais nada, é respeitar suas características físicas, seus desejos, suas escolhas. Enfim, é ser você mesma e GOSTAR DISSO!

Não espere a ocasião especial para mudar seu visual para melhor. A ocasião especial é VOCÊ!

Cabelo

Não reclame do seu! Saiba que todas as mulheres que neste momento acabam de perder todo o cabelo em uma quimioterapia adorariam ter o cabelo que você tem! Pare já com a reclamação e parta para a ação. Não importa se ele é curto, comprido, enrolado, liso, pois as principais perguntas são: seu cabelo está bem cuidado? Tem um bom corte? Está hidratado? Se a resposta for não, é hora de procurar melhorar! Caso não saiba como fazer, peça ajuda a um bom profissional!

Procure mantê-lo limpo, com uma aparência macia, sedosa e convidativa ao toque.

Procure não ter "Cabelo Bandido". O que é Cabelo Bandido? É aquele que ou está sempre preso ou sempre armado!

Evite muitos grampos, gel, fixadores, cola etc. Os homens evitam colocar a mão em um cabelo assim, com receio de não conseguir desgrudar nunca mais.

Pele do rosto

A melhor maquiagem é uma pele bem cuidada. Limpar, tonificar, hidratar são cuidados essenciais. Nunca durma de maquiagem, por mais cansada que esteja. Existem ótimos dermatologistas que poderão dar dicas valiosas no cuidado com sua pele!

Pele do corpo

Um bom hidratante diariamente e uma esfoliação feita em casa, ou em um bom salão, uma vez por mês, podem acabar com aquelas bolinhas e asperezas, além de fazer maravilhas ao visual. Se quiser fazer em casa, é só seguir esta receita: aplicar com uma bucha após o banho uma pasta feita de óleo de amêndoas e açúcar cristal. Friccione vigorosamente. Enxágue bem e passe um bom creme hidratante. Você vai perceber a pele cheirosa, macia e lisinha!

Depilação

Amiga, creio que você já passou da fase do "Uga-Uga"! Então, nem pensar em ficar parecendo uma mulher das cavernas! Depile pernas, sobrancelhas, buço, axilas, ânus (você entendeu bem: ânus. Depois que depilar a primeira vez, não vai querer outra coisa) e nunca deixe sua região púbica ficar parecendo a própria Floresta Amazônica.

Todas essas áreas devem estar bem depiladas, não só por uma questão estética. Quando você se depila, a higienização do local também se torna mais fácil e eficaz. EXPERIMENTE!

Odores

Alerta vermelho! Este quesito é imprescindível!

Axilas: se percebe que quando chama um táxi ou dá sinal para um ônibus todos que estão perto saem correndo, fique esperta! A axila de uma mulher gordinha tende a reter mais odores. Mas nada de desespero. Vamos à luz no fim do túnel!

a) Mantenha as axilas sempre bem depiladas.
b) Use um desodorante antitranspirante.
c) Se não gostar, passe Leite de Rosas ou talco antisséptico.
d) Leve lencinhos umedecidos na bolsa. Se suar muito durante o dia, passe os lencinhos e volte a aplicar o desodorante ou o talco.

Partes íntimas: visite regularmente seu ginecologista. Cuide também de suas calcinhas. Se estiverem velhas e molambentas, jogue-as fora. Independentemente de ter alguém ou não, valorize sua *lingerie*. A mulher gorda tende a acumular mais cheiro nas regiões íntimas. Mas nada de desespero, pois isso acontece também com toda mulher que não se cuida. Vamos a alguns cuidados importantes:

a) Papel higiênico não higieniza nada. Serve apenas para não deixar o local molhado. Para uma boa higienização, ao terminar de fazer seu xixi básico, utilize o bidê, o chuveirinho ou, se não tiver nada disso por perto, molhe o papel higiênico na torneira mais próxima, limpe-se uma ou duas vezes e seque bem. Uma ótima dica é manter na bolsa alguns lencinhos umedecidos de bebê: seque com o papel higiênico, utilize uns dois lencinhos e seque novamente.
b) Ao tomar banho, lave muito bem a área genital na frente, depois o ânus, o cóccix. Um talco aplicado na região do ânus e do cóccix vai reter o suor por mais tempo.
c) Utilize no banho um sabonete próprio para lavar as partes íntimas. Existem vários no mercado. Particularmente recomendo o do meu catálogo, que é espetacular (pode adquirir pelo fone (011) 6451-3000). Na falta de um desses, utilize xampu de bebê de hamamélis ou qualquer xampu para cabelos oleosos.
d) Na região da junção das coxas, embaixo da barriga, e em algumas mulheres gordas também debaixo dos seios, existe maior atrito e maior concentração de suor. Solução: talco!

Mãos e pés: pés são o fetiche da macholândia. Mas os pés gordinhos tendem a suar mais e correm o risco de adquirir o famoso chulé. Creme hidratante após o banho, talco desodorante para os pés e trocar a palmilha dos calçados, quando sentir necessidade, vão impedir que você cause desmaios ao tirar os sapatos.

Quanto à pele dos pés, você pode deixá-la macia com a ajuda de uma pedicure ou uma podóloga. Uma vez a cada quinze dias, passe bastante creme hidratante nos pés, enrole com papel de alumínio, coloque uma meia grossa e bom sono. De manhã seus pés estarão macios e super-hidratados. Vale normalmente passar hidratante diariamente também. E lembre-se de manter as unhas sempre bem-feitas, tanto as dos pés quanto as das mãos.

Postura: evite ombros caídos e costas encurvadas. Caminhe como uma estrela, e não como alguém que carrega um peso nas costas. Literalmente falando, você carrega um peso extra. Mas ele será leve se sua alma estiver leve. Nada de andar como quem mereceu um castigo. Vamos lá, menina, arrume essas costas, ande como rainha e brilhe!

Olhar: os olhos são o espelho da alma. Essa frase tão antiga está certíssima. Mantenha um olhar confiante! Olhe para a frente e não ande de cabeça baixa, como se estivesse se escondendo do mundo. Aprenda a olhar as pessoas nos olhos e que seu olhar transmita muita autoestima e alto-astral. Um olhar carrancudo enfeia o rosto de tal maneira que nem Pitanguy dá jeito. Aí você estará afastando as pessoas e colocando a culpa em quem? Em quem? Com certeza na pobre da gordura, que não tem nada a ver com isso!

Um olhar e uma fisionomia alegre, serena, agradável e simpática tornarão você uma mulher muito atraente. Pode apostar, amiga!

Maquiagem: com um pouco de maquiagem você pode harmonizar seus traços de forma atraente e sedutora. Mas cuidado! Saiba COMO, QUANDO e ONDE usar maquiagem. Nunca saia por aí dando a impressão que o estojo de maquiagem explodiu no seu rosto, ou que você é a nova versão da Emília do *Sítio do Pica-Pau Amarelo!*

Use somente o necessário, adequado para a ocasião e horário. Se não sabe se maquiar, hoje em dia existem mil opções de cursos rápidos, disponíveis e até gratuitos. Basta procurar e aprender.

Equilíbrio: por mais linda que seja sua roupa, por mais cheirosa que você esteja, tudo isso pode ser estragado por estresse, insônia, mau humor, irritação, falta de energia e desânimo constante. Cuide do equilíbrio de sua mente e corpo. Receba massagens, ouça músicas relaxantes, reserve um tempinho somente para fazer algo que a acalme e lhe traga paz. Isso é mais importante do que se matar no trabalho e depois não ter ânimo para a vida.

Lembre-se: quando morrer, não vai levar carro nem conta bancária. Vai levar os momentos especiais que passou neste mundo.

Moda: estar na moda é acima de tudo ter coerência com a roupa, seu corpo e o lugar aonde você está indo. Mas *fashion* mesmo, linda de morrer, é estar de bem com a imagem que você vê refletida no espelho.

Felizmente, hoje as gordinhas não precisam mais ficar com cara de tia. A indústria da moda já acordou para mulheres gostosérrimas como você, e facilmente você vai encontrar opções maravilhosas à sua disposição. Atualmente também existem sites e revistas especializadas, além de várias lojas divinas voltadas só para o tamanho *plus*.

Mas, por incrível que pareça, o preconceito em utilizar esses serviços está na atitude das próprias gordinhas. Muitas odeiam ser vistas em lojas especializadas e preferem andar de loja em loja até encontrar o que desejam, quase que por acaso. Muitas adoram reclamar que não existe roupa para elas, enquanto os modelos lindos criados especialmente para o seu biótipo ficam pegando pó nas araras.

Isso sem falar naquelas que insistem que são tamanho "M". Querida, assuma que você é G de gostosa e absoluta, procure lojas especializadas e curta tudo o que a moda *plus size* pode fazer por você.

Mas lembre-se de que tudo isso tem que ser acompanhado de atitude. Roupa é apenas um pedaço de pano. Uma gorda cheia de complexos e descontente com a própria imagem simplesmente vai fugir de lojas especializadas e reclamar de todas as roupas porque o provador vai revelar de forma verdadeira o que ela tenta esconder de si mesma: que é uma mulher gorda! Mas se for uma mulher com autoestima, feliz, de bem com a própria aparência, vai procurar lojas e profissionais que saberão realçar de forma bela sua aparência. Uma mulher com a atitude certa brilha mais numa camiseta do que aquela deprê em vestido de gala.

Então, antes de reclamar da roupa, veja dentro do seu coração se não está reclamando de si mesma. Mude esse conceito, procure lugares onde você vai ser tratada do jeito que merece e onde encontrará peças lindas que realçarão sua beleza. Faça da moda algo prazeroso e divertido. Enfeite-se! Sinta-se Diva e Linda! Você pode! Você merece!

E por falar em moda...
... Glorinha Kalil, você decepcionou!

Eu achava a Glorinha o máximo! Mudei meu conceito depois que vi algumas ideias dela a respeito das mulheres gordas. A última, então, foi de matar. Ela disse em seu blog em 26/1/2010, sob o título "Fofinhas ou Magrinhas":

"Volto ao assunto: obesidade ou... O nome carinhoso para obesas é "fofa", assim como o das anoréxicas é "magrinha". As duas são anomalias e nem de longe padrão de beleza para ninguém da cultura ocidental moderna. Causaram pena e preocupação as meninas excessivamente magras que desfilaram no SPFW, assim como causaram desconforto e igual preocupação as que se apresentaram no Fashion Weekend Plus Size, evento de moda para as tamanho G e XG. Todo excesso, em qualquer uma das pontas, é sinal de distúrbio e, portanto, uma patologia a ser cuidada e combatida. O que eu gostaria de lembrar, porém, é que a obesidade hoje em dia é nitidamente um problema muito maior do que a magreza. Saindo do cinema, passei a fazer uma enquete particular com um caderninho e lápis na mão: para cada duas de aparência de peso médio, há uma magra e quatro gordas, sendo que, destas quatro, duas seriam consideradas gostosas ou popozudas. Ou seja, tem mais gorda do que magra por aí. Entre as mulheres mais velhas, então, nem se fala. Para cada dez, oito são gordas (tipo sem cintura, pneu no estômago e no lombo).

Não se trata, como querem alguns, que se aceite uma certa diversidade de pesos e tamanhos. Gente não é que nem carro, que pode ter tamanho pequeno, econômico, médio ou enorme. Há um equilíbrio saudável entre altura e peso que é o ideal da funcionalidade e da estética de um corpo que deve, sim, ser perseguido. Há, é claro, quem prefira as gostosas, outros preferem mais delgadas, mas tudo dentro de uma proporção em que qualquer tipo de a mais ou a menos não seja um absurdo..." Glorinha costuma defender o bordão: ninguém é *chic* se não for civilizado. Ser civilizado pra mim é não atacar outras pessoas publicamente sem conhecimento de causa. E foi isso que ela fez, chamando as modelos de anomalia. Nossa, Glorinha! Que feio! Que coisa mais anticivilizada! Adianta você ter tantos títulos se não sabe enxergar as pessoas de uma maneira mais humana?

E se amanhã acontecer algum distúrbio em seu organismo e por algum motivo você ficar gorda? Vai deixar de ser *chic*?

Quando procurei palavras para responder à Glorinha, achei comentários sensacionais, que traduziam tudo que eu queria dizer, e resolvi transportá-los para este livro, tendo a certeza de que essas mulheres que manifestaram suas opiniões em defesa das mulheres gordas não se importariam que eu ampliasse a visibilidade deles para que mais e mais mulheres *plus size* pudessem se sentir melhor. Não as conheço, queridas, mas agradeço de antemão a honra de ter seus comentários em meu livro. Vamos então às respostas a esta senhora tão civilizada, Glorinha Kalil?

Por Keka Demétrio – blog Mulherão (HTTP:/wordpress.com)

Meus olhos ainda brilham quando relembro pela milésima vez tudo que vi e presenciei no FWPS. Mulheres lindas, autênticas, cheias de brilho, exalando felicidade, arrancando aplausos da plateia... Era a representação nua da beleza das mulheres que se amam e se aceitam. Independentemente do formato do corpo, das muitas ou poucas curvas.

Embora todas as modelos fossem do universo GG, o que senti foi mais do que um desfile de modelos lindíssimos confeccionados para as mais voluptuosas. Senti uma espécie de orgulho por termos tido a possibilidade de mostrar às pessoas que existem belezas múltiplas, representadas por mulheres com as mais diversas formas, cores, cabelos, expressões, e que são postas de lado por uma ditadura que escraviza, deprime, magoa e até mata.
Não falo apenas das mulheres tão bem representadas nas obras de Botero, falo também das mulheres que se sentem excluídas por alguma razão, de todas as pessoas que mergulham dentro da ilusão oferecida pelas capas de revista. Viver em função de uma beleza inexistente, criada pelo Photoshop, é se anular como ser humano e perder o gostinho de se olhar no espelho e estar totalmente descabelado.
Cada um é belo à sua forma, e essa beleza pode e deve ser cuidada. Esqueça o mundo da perfeição, ele simplesmente não existe. Descubra o que você tem de melhor, valorize seus lábios com um belo batom e um sorriso, e se sua barriga te incomoda, chame a atenção para o decote que valoriza o seu colo. Todo mundo tem algo que pode e deve ser melhorado. Viva tudo o que te pertence e não o que os outros querem te impor.

Por Renata Poskus Vaz – blog Mulherão (HTTP:/wordpress.com)

Quando idealizamos o Fashion Weekend Plus Size, dividimos muito bem nossas tarefas. Andrea Boschim cuidaria de todos os detalhes de produção, enquanto me esforçaria para divulgar nosso evento, as marcas e as modelos na mídia. Entre centenas de veículos que receberam nosso release, estava o Chic, site de Glória Kalil, tida como uma das maiores entendedoras de moda e boas maneiras do País.
Para minha surpresa, uma doce e educada jornalista do Chic me procurou, cadastrando-se para cobrir o FWPS.

O nome dela é Yara Howe, que foi supercuidadosa entrevistando diversas modelos *plus size* nos bastidores e obervando todas as etapas do desfile. Yara, ao contrário de Glória Kalil, esteve presente no desfile, viu com seus próprios olhos todo o empenho e dedicação das pessoas envolvidas no FWPS e fez uma matéria muito bacana.

Glória Kalil, todavia, não compareceu. Mesmo assim, achou-se no direito de proferir comentários sobre as modelos do FWPS. Em artigo divulgado no dia 26 de janeiro, Glória Kalil inicia seu texto com a seguinte frase: "Volto ao assunto: obesidade ou anorexia? O nome carinhoso para obesas é "fofa", assim como o das anoréxicas é "magrinha". As duas são anomalias e nem de longe padrão de beleza para ninguém da cultura ocidental moderna."

Respeito a liberdade de expressão de Glória Kalil, mas não quando é feita de forma irresponsável. Ao lado de seu texto, ela coloca a imagem de Julia Pires, de *lingerie*. Ou seja, dá a entender que a modelo *plus size* é uma anomalia. Agora eu pergunto: vocês sabem o que quer dizer a palavra anomalia? Veja alguns sentidos extraídos do dicionário Michaelis

*Desvio acentuado de um padrão normal; anormalidade, desigualdade, irregularidade, monstruosidade.

*Aberração, exceção à regra.

*Anormalidade social.

Julia Pires não é uma aberração, não é um monstro e não é muito diferente de quase metade da população brasileira que, comprovadamente, tem sobrepeso ou obesidade mórbida. Ou seja, a cultura ocidental está bem mais cheinha do que enxergam os olhos e o simancol de Glória Kalil. Ela complementa o texto com a seguinte observação:

"Todo excesso, em qualquer uma das pontas, é sinal de distúrbio e, portanto, uma patologia a ser cuidada e combatida. O que eu gostaria de lembrar, porém, é que a obesidade hoje em dia é nitidamente um problema muito maior do que a magreza."

Eu não sei em que faculdade de medicina Glória Kalil recebeu seu diploma. Não é segredo para ninguém que obesidade é, sim, um problema de saúde e que deve ser combatida de forma séria, para que as mulheres gordinhas sejam mais saudáveis e não para caberem em um manequim 38. Quando olhamos para uma mulher gorda, sabemos claramente que ela pode ter problemas de saúde como pressão arterial elevada e diabetes. Uma magra nem sempre denuncia isso. Algumas acabam morrendo de anorexia, desnutridas, sem que ninguém note. Portanto, medir qual o problema maior não ajuda em nada a solucionar nenhum dos casos. Não se trata de uma luta entre gordas e magras. Todas devem se cuidar.

"Saindo do cinema, passei a fazer uma enquete particular com um caderninho e lápis na mão: para cada duas de aparência de peso médio, há uma magra e quatro gordas, sendo que destas quatro, duas seriam consideradas gostosas ou popozudas. Ou seja, tem mais gorda do que magra por aí. Entre as mulheres mais velhas, então, nem se fala. Para cada dez, oito são gordas (tipo sem cintura, pneu no estômago e no lombo)."

Acima, nesse outro trecho, mais uma vez Glória Kalil se contradiz. Se o que ela vê mais nas ruas são mulheres gordas ou corpulentas, isso significa que este é o atual padrão de beleza ocidental moderno e não o elitista e preconceituoso que alguns formadores de opinião tentam empurrar nossa goela abaixo. Mas Glória Kalil não para por aí:

"Não se trata, como querem alguns, que se aceite uma certa diversidade de pesos e tamanhos. Gente não é que nem carro, que pode ter tamanho pequeno, econômico, médio ou enorme. Há um equilíbrio saudável entre altura e peso que é o ideal da funcionalidade e da estética de um corpo que deve, sim, ser perseguido. Há, é claro, quem prefira as gostosas, outros preferem as mais delgadas, mas tudo dentro de uma proporção em que qualquer tipo a mais ou a menos não seja um absurdo."

Gente é gente. E pode sim ter tamanho pequeno,

econômico, médio e enorme. Isso se chama diversidade humana. Proporções exatas deixamos para a Mattel, que fabrica Barbies. Ter altura e peso equilibrados é, sim, o ideal para uma vida saudável. Nos últimos meses, médicos cansaram de dizer que quando uma pessoa tem uma vida saudável, com alimentação equilibrada e pratica atividades físicas, ter ou não um IMC politicamente correto não é um problema. Ninguém deve "perseguir' um ideal de beleza. Isso só gera frustrações e desencadeia distúrbios alimentares gravíssimos. Quem define o que é saudável ou não são os médicos e em análises particulares, individuais. Consultoras de moda, mesmo que da "alta roda", não têm esse poder e competência. Vamos parar de querer tratar as pessoas por meio de revistinhas ou matérias na internet, sem conhecer seu histórico de saúde.

Pois é, meninas, vocês falaram tudo. Peguei também trechos de depoimentos postados no próprio blog da Glorinha sobre o que ela disse. Seguem os trechos:

Glória,

Em suas entrevistas você sempre me pareceu uma pessoa ponderada, equilibrada, dona de uma crítica saudável e até mesmo preocupada com seus comentários, mas, como foi infeliz nessa matéria!!! Como você mesma diz, o "Chic" está numa pessoa educada, respeitosa, sabedora de seus limites, que sabe entrar e sair de qualquer lugar. Sou nutricionista e te falo que a obesidade é realmente uma questão de grande preocupação mundial, já foi classificada pela OMS como DOENÇA CRÔNICA, ou seja, ninguém é gordo porque quer. Existe toda uma questão por trás do ganho de peso... Voltando à questão da saúde, o número de pessoas magras portadoras de dislipidemias, pressão arterial elevada e diabetes é bem elevado. Magra também não é garantia de saúde. Muitos obesos possuem suas taxas em conformidade.

Voltando à questão de ser "Chic", conheço muita gente com sobrepeso elegantérrima, especialmente porque sabem que a felicidade e a alegria de viver nada tem a ver com o número do manequim, mas com TUDO que as cerca em sua vida. Ah, caso seu comentário retratasse a realidade das pessoas, somente as modelos seriam felizes. Coitadas das americanas, heim?

Andrea Sobral

Concordo com algumas coisas ditas, mas que foram ditas de uma forma muito preconceituosa e desrespeitosa, pois além de tudo, possui fotos. Isso foi um absurdo. Outro absurdo é comparar pessoas a anomalias e ainda dizer que nem de longe estão no padrão de beleza para ninguém da cultura ocidental moderna. E quem disse que para ser feliz e saudável é necessário estar dentro do padrão de beleza imposto não sabemos nem por quem? Pois dizem "padrão de beleza", mas quem definiu esse padrão? Horrível. Sou uma mulher fora do "padrão de beleza", mas muito saudável, feliz e bonita. Podem pensar que apenas eu me sinto bonita, mas não, ouço elogios de todas as partes, o que me faz pensar que não seja mentira. E outra coisa: existem outras formas de beleza e felicidade que provavelmente passam despercebidas pelas pessoas que pensam somente no "padrão de beleza". Existe a realização profissional, o amor, a família, Deus... É triste pensar que tantas pessoas pensam que estar fora do "padrão de beleza" seja anomalia. Admirava seu trabalho, mas infelizmente esse tipo de matéria vem mostrar a sua postura.

Solange Valeriano

Os dois extremos são uma patologia, mas querer ter o corpo perfeito, sem nenhuma margem para excesso também é uma patologia, e muito séria. Todos devemos nos sentir bem com o corpo que nos esforçamos para ter, mesmo que este não seja o ideal que acima você descreve. Muitas vezes há impedimentos médicos intransponíveis em determinado momento e a insistência em buscar a figura ideal pode ser mais prejudicial do que manter uma mais "fofinha". Pense nisso!!! Admiro o seu trabalho, mas achei sua postura recheada de desrespeito e extremamente preconceituosa. Você não sabe o pesadelo que é, especialmente neste país, tentar vestir-se elegantemente, dentro da moda adequada à sua idade tendo um corpo fora dos padrões e proporções que você parece aprovar! Tente fazê-o, tente achar roupas que sejam modernas, adequadas e elegantes para uma mulher "fofinha". Está lançado o desafio!!!

Ana Maria Giesbrecht

E aqui vai o meu recado:

QUERIDA GLÓRIA

Olhe à sua volta, Glorinha. Li em um site que você é uma pessoa antenada. Acredito que se fosse realmente veria o quanto o mundo está mudando seus conceitos e preconceitos com relação às mulheres gordas.

Em vez de criticar, já que você conhece tanto de moda, lance um livro de moda *chic* ajudando pessoas gordas a se vestir elegantemente, dando dicas, levantando a autoestima dessas pessoas. Aí, sim, você seria civilizada, como prega em seu bordão que "ser *chic* é ser civilizada".

Se na sua pesquisa com bloquinho e caneta na mão (lindo!) você descobriu que há mais mulheres fora do padrão do que mulheres perfeitas (só agora você soube disso?!!), que tal pensar que essa maioria é composta do público que te assiste e que te admira?

Ainda vou ver você acordar e, seguindo a tendência mundial, lançar livros, matérias e dar entrevistas ensinando as mulheres ***plus size*** a se vestirem bem. Mas, para isso, primeiro você terá que aprender que uma mulher fofinha pode ser linda, charmosa e *super* *fashion* como qualquer mulher! Incrível você, querida, uma mulher dita tão sábia no assunto moda, não perceber e entender que moda é feita para todos.

Mude seu preconceito contra as mulheres gordas, querida, porque, caso não tenha percebido, o mundo já está mudando!

Queridas leitoras, escutem o que eu digo. Um dia todas as pessoas que insistem em dizer que elegância e felicidade têm tamanho próprio verão suas ideias sobre mulheres gordas caírem por terra e vão capitular e perceber que estarão perdendo espaço se não começarem a rever seus conceitos.

Terceira estação
Boa de cama

O que é uma mulher "boa de cama", na opinião masculina? É uma mulher que se gosta, que se acha um tesão, que vai para a cama com a única intenção de dar e receber muito prazer, independentemente de ser baixa, alta, magra ou gorda. Ela é bem-humorada e criativa e não tem medo de inovar quando o assunto é sexo. Vamos falar sobre isso?

Consultório sexual

Cara Nelma:

Estou precisando de sua ajuda. Faz seis anos que não transo com ninguém por pura insegurança, pois desde que engordei morro de vergonha de tirar a roupa na frente de algum homem. Depois de todo esse tempo, acabei arrumando um namorado pela internet que mora em outro país (Portugal). Ele diz gostar tanto de mim que está fazendo planos para vir morar no Brasil por minha causa. Ele sabe que sou gordinha, pois já viu várias fotos minhas e diz que não liga pra isso. Porém, quando me olho nua no espelho, eu me detesto e tenho muito medo que ele deteste também. Tremo só de pensar na possibilidade de ter sexo com ele, mas não de tesão, de puro medo. Estou pensando em acabar com tudo, pois sei que se ele vier não tenho nenhuma chance de fazer com que ele continue gostando de mim. O que você acha?

Se você soubessem quantas mensagens parecidas com essa eu recebo por mês!

Fica aqui minha resposta a todas as mulheres que têm esse pensamento, com o desejo de que mudem essas ideias negativas acerca de si mesmas o mais rápido possível!

A palavra sexo assusta mais algumas mulheres gordas do que a palavra lobisomem. Fale "sexo" e elas correm. Fale "lobisomem" e elas até encaram a parada.

Sexo é uma coisa mágica, bela, em que há troca de carícias, beijos, olhares e... É justamente aí que mora o problema para muitas mulheres gordas: ela se apavora com a ideia dos "olhares". Depois vem a segunda etapa do pavor: elas temem a ideia de ser acariciadas, beijadas, abraçadas. Isso porque acreditam que o homem não vai gostar do que vai ver e, no quesito carícias, ele vai perceber que está acariciando um monte de gordura e não uma mulher ardente e sensual! Daí o medo de tirar a roupa e do toque, que faz com que muitas mulheres se retraiam dentro e fora da cama.

Existe também outro tipo: aquela gordinha que acha que estar com alguém é um privilégio (pra ela) e por isso se desdobra na cama para dar o maior prazer ao homem, se esquecendo do próprio prazer, de se divertir, de viver o momento.

O seu tesão é sinônimo de teNsão, pois ela fica o tempo todo com medo de ser rejeitada.

Amigaaaaaaaaaaaaaaaaaaaaa, se você se enquadra em qualquer situação na qual o sexo te assusta porque você é gorda, precisa PARAR E MUDAR IMEDIATAMENTE!

Para mudar, você tem que pensar em três coisas importantes:

a) **Autoestima**

Vamos combinar que se o cara chegou até a cama contigo, ele já sabia antes o tamanho do seu corpo (isso independentemente de você ser gorda ou magra). Não foi porque você tirou a roupa que ele de repente percebeu: "Ups! Ela é gorda! Não sabia!".

Então, amiga, esse homem afortunado está ali naquele momento com você porque está cheio de tesão e desejo pela mulher que você É, exatamente do jeito que você É! Raciocinou?

Em vez de se lamentar pelos cantos, levante seu queixo e se sinta a mais especial das mulheres nesse momento. Sinta-se uma deusa que ele te sentirá assim. Na dúvida, experimente!

b) **Divirta-se**

Não transforme sua cama em um muro de lamentações. Sexo é algo feito para divertir, ter prazer e curtir momentos agradáveis que não voltam mais.

c) **Permita-se**

Ser tocada, beijada, lambida, apertada, amassada, abraçada e tudo o mais que o desejo ditar na hora, sem medo de ser feliz.

Agora: corra pro abraço, que você já perdeu tempo demais nesta vida.

Ser gostosa

Cara Nelma
Sou gordinha e me acho a mais gostosa das criaturas! Tenho amigas magras que não se acham assim e algumas até me dizem: "Não entendo como você pode se sentir gostosa sendo gorda!" Grande amiga, né? Mas não ligo e curto minha vida ao máximo. O que você acha?

Acho que você é o máximo! Ah! Se todas as mulheres do mundo pudessem pensar assim!

O que é ser gostosa? Pode estar certa que passa longe do fato de ser gorda ou magra!

– *Mas ajuda ser magra* – dirão algumas!

Nem isso, amigas, nem isso! Creio que nem ajuda nem atrapalha, porque o que define se a mulher é gostosa ou não são fatores que nada têm a ver com o peso. Uma mulher gostosa tem atitudes que fazem qualquer homem ficar louco entre quatro paredes (e fora delas também). Realizei uma pesquisa pela internet que atingiu centenas e centenas de homens com a pergunta: o que é uma mulher gostosa?

Vamos conhecer algumas respostas, para que você pense no assunto:

– *Uma mulher gostosa se acha gostosa! Independentemente da opinião masculina, ela se acha deliciosa e se trata como tal! Quando um homem olha pra ela, o que ele lê no seu olhar nunca é uma mensagem do tipo "Por favor me aceite, me queira, me faça este favor...". A mensagem que ele lê é: "Querido, sou a coisa mais deliciosa que você já viu na sua vida e estou pensando aqui se você merece tudo isto ou não...".*

– *Uma mulher gostosa é bem-humorada na cama e fora dela.*

– *A mulher gostosa ama seu corpo e faz o homem amar também.*

– *A mulher gostosa sabe dançar, nem que seja um pouco, e se diverte com isso. Ela também adora mexer o corpo para provocar seu homem e não tem medo disso. Inclusive adora fazer* strip-tease *para o homem amado.*

– A mulher gostosa ama a vida.

– A mulher gostosa modera a bebida e o cigarro. Se possível, não bebe, nem fuma. Enquanto as outras estão caidaças e com bafo de bebida, ela está linda e em cima do salto. Enquanto as outras fedem a cigarro pelos poros, ela cheira a Chanel número 5 ou seu perfume favorito.

– A mulher gostosa vai para a cama com um único objetivo: proporcionar prazer a si própria. Ela dá prazer a seu escolhido, sim, mas nunca esquece de si própria.

– A mulher gostosa não tem medo de sussurrar no ouvido de seu amado frases picantes, sensuais e gostosas.

– A mulher gostosa é cheirosa da cabeça aos pés.

– A mulher gostosa usa lingerie *sexy, independentemente de estar com alguém ou não. Ela se arruma para si própria.*

– A mulher gostosa tem perto da cama um baú repleto de óleos e cremes íntimos, lingerie, *CDs e todos os "brinquedos" que ela gosta de usar em suas noites de amor.*

– A mulher gostosa não se veste como uma vovó, nem como uma prostituta. Ela se veste como uma mulher sensual, elegante e que sabe o que lhe cai bem e valoriza todas as suas formas.

– A mulher gostosa geme gostoso na cama, sabe levantar o ego de seu homem e faz com que ele se sinta único e especial.

– A mulher gostosa é provocante na medida certa!

– A mulher gostosa não dorme com a torcida do Corinthians. Ela é muito seletiva e só vai pra cama com um homem que ela acha que merece estar com ela naquele momento.

– A mulher gostosa não fala nem se lamenta de seus defeitos na cama.

– A mulher gostosa alardeia seu poder enquanto faz amor. Enquanto as outras dizem ou pensam: "Ai, amor, não toque na minha barriga grande, nem nas minhas coxas roliças", a mulher gostosa diz e pensa: "Ai, amor, acaricie minha barriga tesuda, sinta minhas coxas quentes!". Ou seja: enquanto as outras têm sempre uma reclamação sobre si mesmas, ela tem sempre um elogio.

– A mulher gostosa sabe que ser gostosa não é questão de corpo, mas de atitude.

Seu corpão!

Enxergue-se no espelho! Sim, agora! Sem fazer essa cara de quem vai presenciar um desastre ecológico! Vamos!

Tá bom, eu sei que você já se olhou várias vezes e também sei que várias vezes evitou olhar! Mas, para ser uma mulher desejada, uma das primeiras coisas é se enxergar no espelho D-I-F-E-R-E-N-T-E!

Tire a roupa, deixe o quarto à meia-luz, coloque uma música suave, coloque um robe de seda lindo e enxergue-se na frente do espelho!

Enquanto faz isso, pense: "Este é o corpo que eu amo!".

– Nelma! Eu odeio meu corpo!

Parou! Parou! Desliga a música que eu quero falar agora! Se a sua escolha é essa, amiga, ler este livro é pura perda de tempo. Terapia também não vai funcionar e nada, escute bem, NADA vai fazer sua vida mudar para melhor! Você já falou tanto a si mesma que odeia seu corpo que o coitado deve estar querendo fugir de casa!

Faça as pazes com ele! Enxergue-se diferente! Pense em tantas mulheres que gostariam de ter as oportunidades que você tem de sair da cama para viver a vida e comece agora um caso de amor com seu corpo. Se até hoje o que fez foi odiar seu corpo e o resultado foi uma vida medíocre, que tal trocar o disco e experimentar amá-lo com todas as forças? Você tem duas escolhas agora: continuar aí se lamentando pelo fato de ser gorda e estragar sua vida com isso ou começar a se enxergar como uma pessoa linda e especial!

Vamos voltar, então, para o espelho? Volta a ligar o som!

Enxergue-se com carinho e repita: "Este é o corpo que eu amo!" Mais alto, amiga. Está muito baixinho e fraquinho. Vamos lá, força e vontade: "Este é o corpo que eu amo!"

Toque seu corpo gentilmente. Toque seios, ombros, braços, barriga, pernas, pescoço... Agora toque com sensualidade, repetindo para si mesma: "Este é o corpo que eu amo, um corpo gostoso, desejado e querido".

Enquanto faz isso, sinta o calor e a maciez da sua pele. Toque seu sexo agora, como quem toca em algo belo e sagrado. Deixe suas sensações e desejos fluírem livremente! Depois dê um grande abraço em si mesma, repetindo: “Este é o corpo que eu amo!”

Garanto que se fizer isso uma vez por dia, ou seja, colocar carinho e amor no lugar de ódio e rejeição, sua vida vai mudar muito, e para melhor. Vale também fazer isso no banheiro, enquanto se apronta para o homem amado à sua espera na cama!

As delícias do sexo gordo

Fazer amor com alguém é algo maravilhoso, pois você consegue obter o máximo prazer e dar prazer, independentemente de ser gorda, magra, baixa ou alta.

Dar e receber prazer é pura questão de atitude. Quantas mulheres magérrimas sofrem com a crença da incapacidade de dar e receber prazer?

Então, a primeira coisa que você tem que tirar de sua cabeça é essa crença idiota de que sexo bom é sinônimo de corpo magro, pois todos os corpos, de alguma forma, são capazes de dar e receber prazer.

Até pessoas completamente imobilizadas, por meio de comandos mentais, conseguem ter vida sexual. Então, acorda pra vida, amiga, e já!

O que faz você não desfrutar plenamente de uma vida sexual cheia de prazer é a insegurança sobre seu corpo, e medo antecipado de sofrer rejeição por parte do homem amado. Esses pensamentos detonam sua autoestima. Baixa estima imediatamente destrói sua capacidade de manter atitudes positivas e sensuais diante do sexo. Para, vai! Tá bom! Não precisa mais ser assim, então me escute!

Ouvi uma vez uma pessoa aconselhar da seguinte maneira: “Se você não se sente confortável com seu corpo, coloque uma roupa transparente (uma camisa, por exemplo) e fique com ela durante o ato de fazer amor!”

Para mim, esse é um conselho péssimo. Se você fizer isso não vai aproveitar a hora do sexo. Vai ficar preocupada o tempo todo com a bendita roupa. E se de repente, num ímpeto de paixão, seu amor arranca a roupa de você? O que fazer? Sair correndo e se esconder embaixo da cama? Já falei e repito: fazer amor com alguém preocupado com o corpo é como ir a uma festa infeliz com o vestido. Você não se diverte, nem diverte ninguém, pois fica o tempo todo pensando em sua roupa. Chega, né?

Mas como me sentir confortável com meu corpo? Eis o xis da questão!

Se eu te disser que é uma questão de escolha, o que você vai pensar? Amiga, você está lendo este livro até agora e percebeu que eu grito o tempo todo na sua orelha: escolha certa, escolha certa, escolha certa!

Responda: por que existem muitas mulheres gordinhas super de bem com a vida, com sua sexualidade e deixando homens babando aos seus pés? Olhe à sua volta e encontrará mulheres assim. O que elas têm de diferente de você? Em vez de ficarem deprimidas, achando que a vida sexual e afetiva é uma droga pelo fato de serem gordas, escolheram "dar uma banana" bem grande para essas ideias e aproveitar a vida o máximo possível.

Nada na cama vai atrapalhar você, pelo fato de ser gordinha. O que seu homem enxerga não é o fato de você ser gorda, mas sim o fato de você se sentir péssima consigo mesma e também o fato de você não investir em atitudes positivas e sensuais que poderiam mudar a sua relação da água para o vinho. Mas não adianta eu ficar aqui falando de atitudes, pois você só vai ouvir "blá-blá-blá" e vai continuar tentando me convencer de que sua vida sexual é medíocre porque você é gorda. Então, vamos aos fatos? Deixe-me mostrar exemplos de pessoas reais, que sem blá-blá-blá tomaram atitudes para superar isso e ter uma vida sexual feliz. Eu te pergunto: se elas conseguiram, por que você não vai conseguir?

Caso 1 – O poder da atitude certa

Manuel Uribe foi considerado pelo *Guinness Book* em 2006 o homem mais gordo do mundo, pesando 256 quilos. Em 2007 ele chegou a pesar 590 quilos, e depois de uma dieta passou, em 2008, a pesar 330 quilos.

Dia 26 de outubro de 2008 ele se casou com uma garota que pesava cerca de 65 quilos. Foi preciso um guindaste para removê-lo da cama e levá-lo até um altar improvisado, na Cidade do México.

A pergunta que não queria calar na boca de todos: "Manuel, como é sua vida sexual?"

Ele respondeu: "É como a de qualquer outro casal. A gente dá um jeitinho aqui, outro jeitinho ali, mas temos muito prazer e felicidade um com o outro".

Sorrindo, sua noiva disse: "Manuel é muito mais homem e me faz muito mais feliz do que muitos homens magros que conheci".

Caso 2 – Eu sou gostosa! Aliás, supergostosa!

O que todo mundo está comentando é o caso de Donna Simpson, natural de Nova Jersey, nos Estados Unidos. Ela tem o sonho de ser considerada a mulher mais pesada do mundo e entrar para o *Guinness Book* com 450 quilos. Hoje ela tem "apenas" 266 quilos.

Considerações e análises sobre a ideia de seu sonho à parte, nós estamos aqui para falar de sexo. Donna é casada e quanto à vida sexual ela sempre diz em suas entrevistas que "vai superbem, obrigada". Donna enfatiza que se sente muito sensual, pois enxerga no seu peso um fator adicional de tesão para o marido, que confirma entusiasticamente o que ela diz.

Philippe, 49 anos, 68 quilos e maridão de Donna há sete anos, é um admirador confesso de sua gordinha.

E para dirimir qualquer dúvida, Donna fala, para quem quiser ouvir, algo em que ela acredita firmemente: "Quanto maior é a sua bunda, quanto maior é a sua barriga, mais sexy você fica!

Caso 3 – E você?

Hello!! Lembra o que estamos discutindo aqui? Não é o fato de Manuel Uribe ter se casado ou não, nem mesmo o fato de Donna Simpson querer entrar para o *Guinness*. Estamos falando aqui do seu caso, da sua vida sexual. Enxergue você nesse rosto aí e me diga: qual será sua atitude a partir de hoje?

Você viu pessoas com dificuldades imensas por causa do peso. Porém, repito, porém, essas pessoas escolheram ter uma vida sexual e afetiva feliz e intensa. E-s-c-o-l-h-e-r-a-m é a palavra-chave. Manuel poderia ser um homem depressivo, tinha tudo para isso, pois não saía da cama havia mais de três anos. Poderia fugir das mulheres como o rato foge do gato. Donna é a mesma coisa. Poderia se afastar do marido e se esconder por trás de um muro de depressão e tristeza. O que fez Claudia e Philippe se apaixonarem? O que faz Claudia e Philippe manterem com Manuel e Donna uma vida sexual intensa e cheia de momentos de prazer e carinho?

Com certeza é o fato de que Manuel e Donna não transmitem a ideia de que são "o cocô do cachorro do bandido" na hora do sexo. Muito pelo contrário. E por falar em contrário, a atitude de Manuel e Donna contraria toda a ideia de que pessoas obesas são sexualmente inativas ou não oferecem prazer a seus parceiros, nem para si mesmas.

Para confirmar isso, um estudo recente publicado na *Obstetrics and Gynecology* mostra que as mulheres obesas não diferem das mulheres magras no quesito sedução e sexualidade. O estudo mostra mais: que depois de pesquisar cerca de 7 mil mulheres, 92% das gordinhas disseram ter histórico sexual com um homem, ao contrário de 87% das mulheres magras. Cadê você nessa pesquisa?

Saber enxergar o que a vida nos proporciona com outros olhos, não perder momentos especiais e únicos de nossas vidas por causa de baixa estima, medo ou depreciação de si mesma e aproveitar cada dia como se fosse o último são segredos do bem viver.

Levante esse queixo, reescreva sua história. Prepare-se para momentos maravilhosos com quem ama e mostre a si mesma que nada vai impedir isso, a não ser você mesma.

Se Donna e Manuel conseguem, você também pode. Talvez a única coisa que diferencie você deles seja a ATITUDE!

Acorde e pare de pedir desculpas pelo seu tamanho, principalmente na hora do sexo. A vida é curta demais para viver somente de baixa estima e cama vazia!

Escute a voz do rei Roberto Carlos quando ele diz: "Coisa bonita, coisa gostosa. Quem foi que disse que tem que ser magra para ser formosa?".

O peso não afeta o comportamento sexual da mulher, mas o que ela pensa sobre seu peso, sim. Pensar que gordura atrapalha na cama é um estereótipo que não leva a nada!

Nunca, repito, nunca considere o fato de ser uma maravilhosa mulher gordinha um fator impeditivo para sua realização e a de seu amado na hora do sexo. Sua vida sexual plena está interrompida mais por sua ansiedade do que por sua adiposidade!

Seu medo da rejeição, de não agradar, de não despertar tesão nele, de não ser capaz de "se pendurar no lustre" e de não atender às expectativas de seu querido está fazendo com que você deixe de vivenciar noites inesquecíveis.

Procure conhecer alternativas de posições sexuais adequadas pra você, invista em ideias criativas, acabe com a baixa estima e descobrirá um prazer como nunca experimentou antes. Isso vale para toda mulher que deseja felicidade íntima, independentemente de ser gorda ou magra.

Seja sexy, garota!

O que impede você de passar uma imagem sensual e erótica para o homem amado é a imagem negativa e o ódio que tem de si mesma! Você tem se escondido com medo do ridículo e vive fugindo do sexo, apagando a luz, não curtindo a relação, mantendo roupas durante o ato sexual e sentindo pavor de que elas sejam arrancadas. Ufa! Como se sentir sedutora e atraente assim?

Quando o homem a acaricia, então? O que você pensa? "Ele está passando a mão na minha perna gorda... Xiiiii! Agora está apalpando o barrigão... Caramba, agora vai no seio flácido... Chegou na bunda mole, meu Deus!"

Amiga, vamos combinar que é impossível você curtir o sexo dessa maneira? Então, pense diferente. Que tal algo como: "Ele está passando a mão na minha perna macia, agora está apalpando minha barriga sexy, vai pegar meus seios tesudos e agora chegou na minha bunda gostosa"?

Posso garantir que a mudança de pensamento vai fazer maravilhas por sua relação e por você mesma!

A Mamãe Natureza fez com que toda mulher, por mais gorda que seja, tenha a oportunidade de desfrutar uma vida sexual plena. Perceba que ela mantém a gordura longe dos genitais. A vagina e o pênis continuam acessíveis, os sentidos à flor da pele, todo o corpo querendo ser acariciado e o desejo prestes a explodir. Então, por que não usar todo o seu potencial para dar e receber prazer e, com isso, ser muito mais feliz? Está esperando o quê?

Para ajudá-la nessa transformação, elaborei algumas dicas capazes de fazer maravilhas na hora do sexo. Leia com atenção e procure colocá-las em prática.

Massagem sensual

Imagine este cenário: velas perfumadas acesas em vários pontos do ambiente, deixando uma luz sensual, pétalas de rosas espalhadas, almofadas no chão, colocadas em cima de colchonetes cobertos com um maravilhoso lençol de cetim, uma música suave e envolvente e, o mais importante de tudo, você, Deusa absoluta, deitada, toda cheirosa e gostosa, com um creme de massagem nas mãos, um sorriso convidativo e um olhar maroto à espera do seu homem para uma noite inesquecível!

Uau! É de tirar o fôlego! Gostou da ideia? Então, faça, amiga, faça, pois saber massagear eroticamente o homem amado é o caminho certo para uma vida mais cheia de sensualidade explosiva e um amor ardente.

Transforme suas mãos e seu corpo numa inesgotável fonte de sensualidade por meio da massagem, pois tocar é a forma mais poderosa de transmitir afeto. E que homem não adora receber uma massagem sensual, feita com carinho e desejo?

Dicas preciosas

- Não deixe a rotina e o tédio abraçarem sua vida afetiva. Mesmo que nunca tenha feito ou pensado no assunto, permita-se guiar por seus instintos e desejos, pois o importante aqui é fazer, ter atitude.
- Encare a massagem sensual como um jogo alegre e prazeroso, nunca como uma obrigação. A massagem é um gesto de pura doação.
- Antes da massagem, receba seu amor com descontração e alegria, num ambiente calmo e aconchegante, onde não serão interrompidos, e procure dar um tempo para que ele esqueça as pressões do dia.
- O ideal é realizar a massagem em uma superfície firme, onde você possa se mover em torno do parceiro quando necessário. Você pode experimentar colocar um colchão no chão, uma manta macia, cobertores ou colchonete. Cubra tudo com lençóis limpos e macios. Tenha um cobertor ou lençol (vai depender do clima), para poderem se cobrir e deitar aconchegados nos braços um do outro, no final. Enfeite o ambiente com pétalas e velas e coloque uma música suave para completar o clima romântico.
- No momento da massagem, procure estar realmente tranquila e com vontade de proporcionar momentos especiais de carinho a quem ama. Mantenha as mãos macias de creme, descontraídas e flexíveis: só assim conseguirá que a massagem seja suave e gostosa.
- Você deve se preocupar com o bem-estar da pessoa que ama. Mas deve pensar em si também, na hora de adotar uma posição para fazer a massagem sensual, pois quanto mais descontraída e confortável estiver, maior será o prazer de massagear. Escolha uma posição na qual se sinta confortável e mude de posição

sempre que achar necessário. Procure ficar sempre na frente da região que for massagear. Evite ficar com o corpo torcido ou forçar as costas.

- A massagem deve ser lenta, quente, sensual. O ritmo é importante. Massageie com fluidez, com movimentos por vezes suaves e leves, outras vezes intensos e com um pouco mais de pressão. Nunca termine um movimento repentinamente. Ao passar de uma zona massageada para a outra, retire as mãos vagarosamente. Quando terminar, não retire as mãos de forma brusca. Nesse momento, respeite os limites do outro: fazer amor pode ser uma consequência natural desta massagem, mas também pode ser hora de descansar, namorar, conversar ou dormir abraçados. Nenhuma cobrança de desempenho será benéfica.
- O creme para a massagem sensual deve ter gosto e cheiro agradáveis para ambos. Às vezes, o cheiro é bom e o gosto ruim, ou o contrário. Evite cremes hidratantes comuns. Eles têm um gosto horrível e você nunca poderá beijar em seguida. Unindo cheiro e gosto agradáveis, você estimula a libido.

E lembre-se: a verdadeira essência da massagem sensual é comunicar a quem você ama toda a sua ternura, carinho e desejo por meio do toque.

Como colocar em prática

1. Prepare o ambiente: luz, velas, música, ação!
2. Prepare sua mente para realizar algo gostoso, que também vai te dar prazer.
3. Receba seu amor de forma descontraída. Peça pra ele tirar a roupa e ficar apenas com um roupão leve. Você também estará usando um.
4. Deixem as tensões do dia se dissolverem com um bom banho, uma bebida ou abraços e beijos.
5. Convide seu amor a se deitar no local que você programou para a massagem. Peça que ele se deite de barriguinha para baixo.

6. Sente-se confortavelmente próximo aos pés do seu querido. Coloque os pés dele apoiados em suas coxas.
7. Inicie a massagem pelos pés, com um creme gostoso.
8. Lembre-se de alternar movimentos relaxantes com movimentos excitantes. Primeiro você relaxa a parte do corpo que está sendo massageada. Para isso, escolha algum movimento de que mais goste e com que mais tenha facilidade. Não se preocupe com a técnica, pois só o fato de você acariciar uma área do corpo com um pouco mais de força já surtirá efeito. Depois, na mesma região, será o momento de excitar. Nessa hora você vai usar carícias, beijos, esfregar seu corpo no corpo do seu amado, dizer palavras, gemidos, sussurros, enfim, tudo que o desejo mandar.
9. Agora é o momento de passar para outra parte do corpo, repetindo o processo até que o corpo todo esteja massageado. Você vai subindo dos pés até a cabeça, sempre sentada por cima dele, sem machucá-lo. Em cada "estação" você relaxa, depois excita. Quando chegar próximo da nuca de seu querido, repita o processo de relaxamento e excitação e peça pra ele virar, ficando agora de frente pra você.
10. Posicione-se novamente próximo aos pés dele e repita tudo, dando atenção especial à área genital, no quesito "excitação", e termine com um superbeijo de língua molhado e intenso. Tenho certeza de que esse será o início de momentos de puro desejo para o casal.

Movimento relaxantes

Expliquei que, no momento de realizar os movimentos relaxantes, você pode apenas acariciar com mais força a área a ser massageada. Você pode, se quiser, fazer movimentos circulares. Basta colocar as mãos unidas e massagear girando-as, para que as mesmas formem um círculo imaginário no corpo do parceiro.

Ao se sentar para iniciar a massagem, pense em dividir o corpo dele nas partes-alvo a serem massageadas. Na posição de bruços, você massageia os pés, as pernas, o bumbum, as costas e o pescoço. Na parte da frente, vá dos pés, passando pelas pernas, virilha, peito e pescoço.

Nos momentos de excitação, capriche bastante. Não se preocupe em terminar a massagem. Você deve ir até o momento que o desejo falar mais alto. Se terminar, ótimo. Se não terminar, também está maravilhoso. O importante é COMEÇAR!!

O tempo todo mostre um rosto tranquilo e sorridente, diga palavras de amor e expresse seus sentimentos com beijos, carícias e sussurros. Use literalmente o corpo de seu querido para obter prazer para si mesma e diga a ele sempre o quanto o corpo dele te excita e te dá prazer.

Com certeza será uma noite bem diferente daquelas em que ele a encontrou triste e afundada no sofá, depressiva e chorosa. Você não precisa ser assim, querida. Mostre que você é uma mulher maravilhosa, capaz de proporcionar momentos sensacionais a si mesma e a quem ama.

Beijo de língua? Que delícia!

Não tem coisa mais gostosa do que receber um bom e bem dado beijo de língua, vindo daquele gato que faz sua perna tremer de paixão, quando ele simplesmente olha pra você! Uau! É uma viagem à Lua sem foguete e sem escalas!

Esse beijo é delicioso porque você praticamente saboreia a língua e a boca do seu amado, com a sua língua, de forma ora intensa, ora provocante, ora leve. Quem comanda é o seu prazer, a intensidade do momento e o prazer do homem que está tendo o privilégio de beijar sua boquinha.

Um beijo assim pode durar minutos, mas a lembrança pode durar anos. A pretensão aqui não é te ensinar a beijar, pois tenho certeza de que isso você sabe fazer como ninguém. A ideia é partilhar com você sugestões para um beijo provocador!

- Olhe intensamente nos olhos de seu querido. Depois, desça seu olhar e encare sua boca, como se estivesse vendo a coisa mais gostosa do mundo.

- Sorria.
- Volte a olhar nos olhos do seu bem. Aproxime seu rosto e comece a dar suaves lambidinhas e beijinhos minúsculos ao redor de sua boca.
- Quando ele avançar pra te beijar, recue, mas sorrindo. Assim, ele entenderá a mensagem de que não está sendo repudiado, mas provocado.
- Coloque a mão na nuca dele, olhe novamente nos olhos (se der tempo) e então beije apaixonadamente, deixando a sua língua percorrer avidamente tanto a língua dele como a boca toda.
- Agora reverta a intensidade do beijo. Deixe sua língua explorando devagar e intensamente.
- Termine dando uma leve mordida no lábio inferior dele e, se quiser deixá-lo mais louco, desça sua língua para o pescoço dele, alternando com beijos e lambidas, e finalmente explore a orelha do amado com a língua de forma intensa e apaixonada.
- Se estiver fazendo isso quando os dois estiverem deitados, fique por cima dele e, enquanto o beija, esfregue sensualmente todo o seu corpo no corpo dele.

Tá! Você não vai se lembrar dessa sequência toda na hora H, que eu sei! Mas lembre-se então de provocar bastante, não apenas com a boca, mas com o sorriso e os olhos, pois tudo faz parte de um contexto, e quando o beijo realmente for dado, beije primeiro com intensidade e depois lentamente.

Acredito que o beijo seja o termômetro de qualquer relacionamento. Se o beijo está sem graça, é porque o relacionamento também está.

As cenas mais marcantes dos filmes são os beijos. Existem beijos famosos que marcaram época. Todo mundo sonha com um “beijo de cinema”. Mas sonhar apenas não basta. Tem que fazer acontecer.

Então, eu pergunto: como andam seus beijos?

Nunca deixo os beijos com meu amor se tornarem uma coisa monótona e sem graça. Às vezes o beijo pode ser doce ou intenso, ou mesmo um beijinho rápido, mas sempre é valorizado.

Queime calorias beijando muito!

Se você é daquelas que vivem de olho na balança, contando calorias, aqui vai uma tabela curiosa. Perceba que beijos também queimam calorias e podem ser mais interessantes do que suar na esteira da academia sozinha. Confira!

1 porção de lasanha	107 beijos
1 banana	8 beijos
1 barra de chocolate	45 beijos
1 bola de sorvete	29 beijos
1 bombom	7 beijos
1 cachorro-quente	24 beijos
1 fatia de bolo de chocolate	20 beijos
1 lata de Coca-Cola	11 beijos
1 pão de queijo	17 beijos
1 quindim	15 beijos

Anotou? Agora corra para "queimar calorias" com beijos! Existe coisa mais gostosa?

Competição de beijos

Se seus momentos de romance estão sendo trocados pelo controle remoto, pois seu amado é daquela espécie que nasceu grudada na TV e só desgruda para comer e trabalhar, é hora de tomar uma atitude! Sim, amiga, nisso os homens são universais: TV + cerveja = esquecimento total do mundo à sua volta!

Uma boa tentativa de fazer esse ser voltar à Terra é iniciar uma "competição" (homens adoram competir). Só que, nesse caso, será uma competição deliciosa, em que todo mundo sai ganhando. Veja como!

No momento do comercial, sente-se sedutora ao lado dele e tire o controle remoto de suas mãos. Sim, sei que será mais fácil achar água na Lua, pois é difícil desgrudar o cérebro de um homem da antena parabólica, mas tente.

Depois diga a ele que, para devolver o controle, vocês farão um trato: ele pode assistir ao programa o tempo que quiser, mas no momento dos próximos comerciais vocês farão uma competição de beijos. Tenho certeza de que, além de achar a ideia interessante, ele fará qualquer coisa para recuperar o controle, até mesmo buscar água na Lua.

Agora, explique pra ele a competição: no próximo intervalo, você vai beijá-lo onde, como e da maneira que desejar, e ele terá que devolver o beijo da mesma forma, no mesmo lugar e com a mesma intensidade. Em seguida, ele acrescenta um beijo novo e você então terá que corresponder da mesma maneira, e depois criar mais um, e assim por diante.

Realmente é uma brincadeira de memória e criatividade. Quando o programa na TV começa, os beijos param e recomeçam no próximo intervalo comercial.

A ideia aqui simplesmente é se divertir e beijar muito, e de formas diferentes.

Lembre-se de ser criativa e usar a imaginação na hora dos beijos: um selinho de leve nos lábios, um beijo sensual no pescoço, uma mordidinha na orelha, um beijo de esquimó nariz contra nariz, um beijo de língua intenso, uma lambida no corpo, um sexo oral quente (mas guarde esta carta na manga para um momento especial – e você saberá quando, pois seus desejos e instintos ditarão a hora) e assim por diante.

Mesmo que ele não dê em você o mesmo beijo que recebeu, não ligue. Vocês estão apenas brincando e, nesse duelo de beijos, felizmente não existem perdedores.

O fim da competição ninguém sabe onde vai dar. O importante é criar um momento diferente, divertido e prazeroso. Talvez ele se vire pra você e diga: "Meu amor, vou desligar a televisão o mês inteiro, depois deste jogo!".

Forcei, né? Tem razão, amiga, tenho que ser realista: nenhum homem diria uma coisa dessas... Desejo uma boa competição para você!

Banho sensual

Um lugar perfeito para jogar fora a rotina e começar uma noite cheia de sensualidade: debaixo do chuveiro.

Não pense que o chuveiro é um lugar sem graça, reservado apenas para um banho rápido e nada mais. Um banho sensual, com o roçar de peles molhadas e ensaboadas, pode provocar sensações deliciosas e a noite não será mais a mesma. Experimente!

Prepare esse momento:

- Separe sabonetes perfumados líquidos ou em barra, sais aromáticos, espuma de banho com aroma gostoso e convidativo.
- Ilumine o banheiro com velas.
- Se quiser deixar o clima mais envolvente, espalhe pétalas de rosas no caminho até o banheiro e na pia. Evite colocar no chão, embaixo do chuveiro, pois vocês poderão escorregar.
- Forre o chão fora do chuveiro com toalhas secas ou mantas.
- Deixe um drinque já preparado por perto e uma bandeja de frutas como pêssego, uva, morango.
- Ponha uma música para tocar, algo que seja envolvente e que os dois curtam.

Para que tudo seja inesquecível, o ideal é surpreender a pessoa amada, depois de um dia estressante de trabalho, pegá-la pela mão e conduzi-la até esse cenário preparado especialmente para jogar o estresse e a rotina pela janela.

Chamou seu bem? O jogo começou? É a hora de os sabonetes perfumados deslizarem sobre os corpos em movimentos suaves e provocantes. Provoque as costas, o peito, o pescoço, as coxas, deixando por último as partes mais sensíveis e zonas erógenas.

Deixe um jato de água morno e provocante, feito pelo chuveirinho, atingir as costas, o peito, a barriga e as coxas da pessoa amada. Isso é altamente estimulante.

Fique sabendo que dar um banho provocante em seu parceiro pode intensificar, e muito, o orgasmo que virá depois. Esfregue o corpo todo com uma mistura de carinho e carícias ousadas.

Cuide para que a água não esteja quente demais. Ensaboe o peito, deslizando a mão lentamente em direção ao pênis. Então, vire-o de costas e esfregue as nádegas devagar, as coxas e as costas também. Abrace seu homem esfregando todo o seu corpo no corpo dele e fale ao seu ouvido coisas sensuais e gostosas, para que esse momento seja inesquecível.

Outra vez de frente, ensaboe a região genital, mantendo uma pressão leve e constante. Delicadamente simule os movimentos de uma masturbação. Mas apenas provoque e ignore se ele pedir para que você vá até o fim. Terão tempo pra tudo isso e muito mais, pois o relógio aqui está esquecido.

Quando o banho chegar ao fim, procurem se secar com toalhas fofinhas, fazendo movimentos vagarosos da cabeça aos pés. Passem um no outro uma loção perfumada.

O chão do banheiro deverá estar forrado com várias toalhas secas, umas em cima das outras, formando um verdadeiro ninho para o prazer. Vocês podem ficar por ali mesmo ou ir para a cama.

Não deixe passar a oportunidade de realizar um banho sensual, soltando sua imaginação e desejo para transformar algo simples e corriqueiro em uma noite inesquecível.

Palavras ardentes

A cama não é um monastério onde o silêncio é a palavra de ordem. Sabendo disso, não tenha receio de mostrar com sons e gemidos todo o prazer que um homem pode proporcionar durante uma noite de amor “caliente”.

A maioria dos homens adora ouvir sua amada gemendo de prazer, dizendo o que gosta de forma sensual, pois isso, além de excitar, faz com que ele se sinta valorizado.

Além do quê, o melhor sexo é o “falado” e não o “adivinhado”.

Diga sutilmente o que deseja, elogie a performance do garoto e deixe que ele perceba em seus gemidos o quanto está agradando.

Sem exageros, procure levar seu amor à loucura, usando palavras excitantes, gemidos, sussurros e demonstrações de amor!

E como toda mulher também adora um homem que demonstra o que sente na cama, peça a ele para falar em seus ouvidos tudo aquilo que seu coração sonha ouvir. Vamos lá, ensine a criatura!

A maneira como falamos durante o amor muda o jeito como sentimos esse amor.

Pense nisso e "mãos à obra", ou melhor, "boca à obra"!

Kama Sutra gordinho!

Pensava que este assunto não era para você? Pois se enganou, meu bem, pode vir quente que o assunto está fervendo! Existe um *Kama Sutra* para gordinhas maravilhosas como você, que ousam e assumem sua beleza e sensualidade. Mulheres com o desejo de abalar as estruturas do homem amado dando e recebendo muito prazer.

Quando um não quer, dois não brigam! Já ouviu isso, né? Mas, em termos de sexo, quando os dois querem, não há nada na hora H que possa impedir o casal de ter um sexo maravilhoso, variando de posições todas as vezes que o desejo mandar!

Conheça algumas sugestões e deixe acontecer em sua vida momentos de prazer intenso e gostoso.

Não pense que um juiz da ginástica olímpica está escondido em seu guarda-roupa para julgar se as posições em sua cama estão certas ou erradas. Tente apenas encontrar a maneira como vocês se sentem bem, seguindo o impulso do desejo e da paixão.

Papai e mamãe – A mulher gorda pode deitar na cama e colocar muitos travesseiros embaixo de seu bumbum e assim levantar o quadril o máximo possível, oferecendo ao seu parceiro, além de uma visão privilegiada, mais facilidade para a penetração.

Variação – Se a mulher conseguir, pode colocar as pernas em cima de cada ombro do seu homem. Pode ser uma perna ou as duas. É a mulher que decide como se sentir melhor. Isso pode gerar um sentimento de prazer muito grande entre os amantes.

A ostra de Veneza – A mulher gordinha pode se deitar na cama e colocar as duas pernas sobre algo para apoiá-las, o mais alto que puder. Assim, ela fica totalmente exposta ao seu homem e em uma posição confortável e excitante para a penetração. Essa é uma posição fantástica para as mulheres, pois a estimulação do clitóris se faz de maneira intensa, enquanto ocorre a sensação da penetração pelo parceiro.

A colher do amor – A mulher se deita e o homem se deita atrás dela. Ela encolhe seu corpo um pouco e facilita a penetração pelo homem, que, enquanto realiza os movimentos do sexo, pode abraçar e acariciar a mulher de maneira intensa. A mulher ao mesmo tempo pode se masturbar com as mãos ou com um vibrador.

Homem no topo – Essa é uma inversão. A mulher se deita e o homem se coloca por cima, apoiado nas pernas dela, e faz a penetração.

O abraço da sedução – Nessa posição a mulher fica de joelhos e se reclina para acariciar o homem o máximo que ela pode, enquanto ele faz a penetração. É uma posição muito romântica e prazerosa para o casal.

A sereia – A mulher se deita na beira da cama, com as pernas erguidas, encolhidas e bem fechadas. Se quiser, pode apoiar o bumbum com as mãos, levantando um pouco o quadril e facilitando mais ainda a penetração. O homem pode ficar em pé ou de joelhos (vai depender da altura da cama, ou do homem) e apoiar o corpo nos pés da mulher, para ganhar estabilidade. Esta posição facilita a penetração mais profunda, ainda proporcionando à mulher facilidade para se masturbar no auge da paixão.

Visão do paraíso – A mulher se deita de lado, apoiando-se no braço, com uma perna esticada na cama e a outra erguida o mais que ela puder, perpendicularmente ao corpo (o ideal é as pernas formarem um "L"). O homem deve se ajoelhar sobre sua perna esticada e sustentar a outra no ombro. É uma posição que facilita um ângulo de visão muito erótico para o casal e a penetração pode ser feita variando movimentos de sobe-e-desce, em vez do habitual para-a-frente-e-para-trás.

Kilimanjaro – Para essa posição é necessário usar uma escada. O casal deve se ajoelhar, cada um em um degrau, com os corpos coladinhos, sendo que ela estará de costas para ele. O homem segura na mulher, que ficará apoiada e quase sentada sobre o homem. Então, ele realiza uma deliciosa dança movimentando seu corpo para cima e para baixo. Nessa posição o homem usa a diferença entre um degrau e outro para facilitar o ângulo de penetração e conseguir que seja bem profunda. A mulher terá as mãos livres para se masturbar caso deseje. O casal poderá colocar almofadas nos degraus da escada, para tornar tudo mais agradável ainda.

A glória – O parceiro por trás com a mulher debruçada sobre um apoio ou de quatro.

Variação – Quando os dois são gordinhos, o ideal é a mulher abrir a perna e o homem se posicionar por baixo de suas coxas, em uma posição confortável para ele, mas que permita a penetração profunda.

Vaivém – Na posição deitada, a mulher poderá levantar uma perna, para que seu amante faça a penetração por trás. Dessa forma a mulher também pode controlar o ritmo que mais lhe dá prazer!

Variação – A mulher pode se deitar de costas com as pernas dobradas na altura dos quadris, as coxas abertas, expondo sua região genital para uma penetração profunda. Se tiver uma barriga grande, poderá levantá-la para longe da região pubiana com as mãos, pelo menos até o momento em que o homem se posiciona entre suas coxas. Colocar travesseiros nas nádegas pode ajudar. A partir daí, é ir variando de forma confortável a posição das pernas e o posicionamento dos quadris conforme o desejo ditar.

Mulher no topo – O homem deita-se de costas, com as pernas retas ou os joelhos levemente dobrados. Se houver gordura abdominal, o homem pode levantá-la com as mãos, enquanto a mulher se senta com os joelhos dobrados de frente para ele e por cima dele. Depois de realizada a penetração, a mulher guia o ritmo.

Estas são apenas algumas ideias. A imaginação e a criatividade são o limite, porém, quando existe vontade de agradar e de ter uma noite prazerosa, basta deixar o desejo rolar solto que os corpos encontrarão da melhor forma o caminho para o êxtase.

Cinco sentidos

É uma ocasião especial e você não sabe o que fazer? Não é nenhuma ocasião especial e você quer transformar uma noite comum em algo extraordinário? Então conheça o poder dos cinco sentidos e ponha em prática estes truques para uma noite inesquecível:

Tato – Em um canto do quarto, coloque um cobertor fofinho no chão e um pote com um creme aquecido para massagem por perto. No cobertor, coloque o primeiro presente para seu homem. Pode ser uma luva macia de couro, para ele usar nos dias de frio. Dentro, uma frase romântica, alusiva ao tato: "Quando suas mãos me tocam, sinto meu corpo despertar para o amor. Nesse momento, tenho a certeza de que nasci para ser sua hoje e sempre".

Surpresa sensual – Após oferecer o presente, faça nele uma gostosa massagem sensual.

Olfato – Em outro canto do quarto, prepare uma bandeja com algumas frutas cortadas (pêssego, manga, morango). O presente? O perfume preferido dele. No cartão, escreva: "Seu cheiro me faz estremecer de paixão. Em uma multidão, de olhos vendados eu te acharia, pois só o teu corpo tem o aroma que faz meu coração bater mais forte de amor e desejo".

Surpresa sensual – Deite-se sensualmente. Ele terá que fechar os olhos. Passe as frutas no seu corpo, e ele terá que adivinhar, pelo olfato, de que fruta ele está sentindo o aroma e em que parte do corpo está o aroma. Uau! Será que ele vai conseguir passar dessa estação?

Visão – Prepare um canto especial, uma cadeira fofinha, de frente para um canto da parede, onde estarão pendurados alguns lenços. Na cadeira, de presente, um DVD de sua banda de rock favorita. No cartão, as palavras: "Ver você ao meu lado a cada instante faz a vida valer mais a pena. Obrigada por existir em minha vida!".

Surpresa sensual – Prepare para ele um envolvente e sensual *strip-tease!*

Paladar – Coloque algumas toalhas no chão do banheiro. Deixe o ambiente úmido e com vapor. Deixe um sorvete preparado em algum local próximo. O presente? Uma caixa com os doces que ele mais adora. O texto? "Ao saborear estes doces, lembre-se de que a coisa mais gostosa da minha vida é o sabor dos seus beijos, do seu corpo e do seu amor!"

Surpresa sensual – Saboreiem o sorvete no corpo um do outro. Vai ser o máximo!

Audição – Na cama, deixe uma venda preparada. De presente: o CD que você sabe que ele está querendo há tempos. O cartão dirá: "O som de sua voz dizendo 'Eu te amo' é a mais bela canção do mundo para mim!".

Surpresa sensual – Vende os olhos dele e fale, entre sussurros, gemidos, palavras quentes e sensuais, tudo que deseja que ele te faça nessa noite. Sei que a partir daqui não vai dar mais para resistir e a noite será maravilhosa.

Fica aí a ideia, amiga, agora é só fazer!

Strip-tease, sim!

Princesa, já fui entrevistada por tanto programa de televisão, rádio, jornal, internet que perdi a conta. Mas em quase todos a pergunta sempre vem: "Uma gordinha pode fazer *strip-tease?*".

Pela entonação das palavras, parece que perguntam: "Um ET pode aterrissar no centro de São Paulo?".

Quando respondo com todas as letras que sim, vem outra pergunta em seguida, acompanhada de espanto: "Pode mesmo? Tirar a roupa e tudo?"

Parodiando o sr. Saraiva, que tinha tolerância zero para perguntas como essa, a resposta poderia ser: "Não! Ela não vai fazer *strip* tirando a roupa. Ela tira os cabelos, um por um e vai jogando no chão ao som da música!"

Por que a dúvida e por que o espanto? Se estamos falando de *strip-tease*, é lógico que é para tirar a roupa! *Hello*!

Mas se alguns jornalistas acham absurda a ideia de uma gordinha fazendo *strip-tease*, muitas gordinhas também acham!

Graças a Deus não todas, pois meus cursos são lotados de mulheres GG aprendendo e arrasando depois com seus amados.

Lembro-me especialmente de uma que me contou que foi indicada pelo médico, pois ela estava em depressão porque era gorda. Na época, ela achou que o médico tinha endoidado, mas foi assim mesmo. A vida dela mudou da água para o vinho. Fez um *strip* para o marido que quase morreu de tesão. Sem falar que o homem nem aguentou esperar que ela tirasse a roupa toda e já pulou em cima dela.

TODA mulher pode fazer *strip-tease*. Ensinei uma vez uma mulher que não tinha as duas pernas, outra que só tinha uma perna, ensinei uma mulher cega, ensinei mulheres surdas, uma moça que não tinha uma mão, outra que não tinha um braço, no Rio de Janeiro, ensinei uma mulher que tinha queimaduras no corpo todo. Se mulheres com esse nível de desafio aprenderam e fizeram com sucesso (pois elas me mandam e-mails contando o resultado), não me venha dizer que você não pode fazer, independentemente de ser gorda ou magra.

– Para uma mulher magra não é mais fácil?

Tenho gordinhas maravilhosas que aplicaram os conhecimentos na frente de muitas alunas magras. Não é a questão de ser magra ou gorda, a questão é de se permitir exercer esse poder sobre o homem e sobre si mesma, pois um *strip-tease* é o maior exercício de autoestima que você pode fazer, e traz benefícios maravilhosos. Vem! Eu te ensino! Mas, por favor, faça antes que alguém faça por você!

Vamos aprender coisas básicas aqui, mas se quiser estar comigo, basta entrar no meu site, ver o telefone e se inscrever.

Um *strip-tease* é para um homem uma atração sensual e marcante. É um meio de despertar o desejo, de provocar o amado e de passar a ideia de que você é uma mulher que se sente gostosa e avassaladora.

Coisas que você precisa saber:

O melhor curso

Desculpem-me todas que vieram depois de mim, digamos assim, inspiradas no meu trabalho, mas sou a pioneira no Brasil em ensinar *strip-tease* para mulheres, e criei uma metodologia única e sensacional, já aprovada por mais de 2 milhões de mulheres que me assistiram. Então, se você quiser fazer O CURSO DE *STRIP-TEASE*, pode me procurar que estarei à sua espera, para ensiná-la a se descontrair, se movimentar com graça, charme e sensualidade e principalmente elevar sua autoestima, além de uma série de dicas imperdíveis.

Na falta de um bom curso, procure colocar para tocar várias vezes a música que você escolheu para sua noite especial. Enquanto se familiariza com a música, procure dançá-la várias vezes. Não se preocupe com o estilo, apenas procure sentir a música e dance lentamente do seu jeito.

Seu corpo

Estou falando o livro inteiro sobre seu corpo e sobre como você deve se sentir com ele. Mas o que precisa ficar claro é que nada impede que você faça um *strip*, a não ser a sua acentuada autocrítica. Nos meus cursos tenho mulheres de todas as idades, pesos e tamanhos. Se você acredita que só aquela garota do comercial é capaz, eu lhe digo que você está perdendo um tempo muito precioso. Vença essas barreiras e descobrirá que também é capaz de encantar o homem que ama fazendo um strip lindo e sensual.

Seu visual

Não é todo dia que você fará um *strip* para ele. Portanto, prepare-se para a ocasião, colocando uma roupa bonita e uma *lingerie* ousada e linda por baixo. Siga seu instinto colocando peças com as quais você se sinta atraente. Capriche no cabelo, no perfume, produza-se para a ocasião. Vale lembrar que a roupa é você que escolhe: pode ser um vestido bonito, uma camisola sexy, uma fantasia, enfim, o céu é o limite para sua imaginação. Apenas uma regra não deve ser quebrada: use algo que a faça se sentir a última bolacha do pacote.

Cenário

Pode ser sua casa, o motel, um chalé na praia ou qualquer lugar que sua imaginação apontar e que você quiser. Lembre-se de pedir ao parceiro que se sente no local mais adequado a fim de apreciar melhor a sua performance.

Música

A música para um *strip-tease* deve ser especial, podendo ser mais lenta ou até mais agitada. Tome cuidado, porém, com as músicas excessivamente românticas. Acima de tudo, a melhor música é aquela que a toque, de alguma forma, que a estimule a dançar ou que faça aflorar sua sensualidade. Escolha sempre previamente a melhor opção para o momento.

Vestuário

A melhor roupa é aquela que sua imaginação ditar, mas vale sempre uma produção. Pode ser uma roupa convencional (mas sexy, por favor), um vestido de festa, lenços enrolados pelo corpo, alguma criação sua, uma *lingerie* linda ou uma fantasia provocante. Capriche no cabelo, maquiagem e perfume, como se estivesse indo para uma grande festa.

Olhar

O olhar é muito importante. Se você fizer tudo certo, mas com um olhar vazio ou perdido, assustado ou indiferente, não produzirá um efeito marcante e bonito.

Já um olhar cheio de segurança, paixão e desejo direcionado para seu homem terá um efeito indiscutivelmente melhor.

Se não quiser, não precisa olhar diretamente nos olhos dele. Se isso a deixa inibida, olhe para um ponto diretamente acima da cabeça dele e não tente adivinhar o tempo todo o que ele está pensando.

Jogo

A dica é simples: peça que ele se sente, ligue o som, posicione-se na frente dele a uma certa distância, e comece a mexer lentamente seu corpo ao som da música, enquanto acaricia lentamente seu quadril, seios, pernas e braços. Vá tirando a roupa devagar, procurando alternar entre mexer, tirar uma peça, mexer, tirar outra peça. Não se preocupe em errar ou acertar, pois o *strip* é um jogo erótico, uma brincadeira que você faz para si mesma e para ele. Apenas divirta-se e curta o momento. Quando terminar, chame seu amor para pertinho de você e dê um superbeijo de cinema.

Gerais

Você pode usar cadeiras, pufes e sofás, a fim de se sentar e se levantar durante seu *strip*. Tudo feito com movimentos sensuais e bem leves.

Não existe ordem correta para tirar as peças de roupa. Observe apenas uma certa lógica na sua sequência. Como faz um manequim de passarela, tire tudo olhando sempre na direção de seu amado. Faça um jogo sedutor. Quando ele pensar que você vai tirar uma peça, engane-o um pouquinho e só tire alguns segundos ou minutos depois.

Entre no ambiente se sentindo a mulher mais bonita, gostosa e poderosa do mundo e vá em frente. Quando terminar, você pode se deitar sensualmente na cama e chamá-lo. Ponha criatividade, alegria e vontade de agradar a si mesma. Não se preocupe em treinar, muito menos em frente ao espelho. Diante

de um espelho uma mulher não treina, ela se avalia. Além do quê, *strip* não é treino, é sentir. Na frente dele, sinta a música, o seu amor por ele, sinta-se poderosa e sensual e dance mexendo o corpo devagar. Encare como uma dança, com a única diferença de que, enquanto dança, você vai tirando a roupa. A última peça é a calcinha. De preferência, não tire os sapatos. Termine nua, sensacional e em cima do salto.

Ficarei aqui torcendo por você.

Você é sexy!

Ser sexy é mais do que aparência. Na verdade, é o jeito com que tratamos a nós mesmas. Se você se cuida, se enfeita, se sente especial e interessante e tem autoestima elevada, pode apostar que você é muito sexy.

O importante é se amar muito, pois é isso que a torna radiante na maneira de ser, andar, sorrir, olhar etc.

Vaidade também entra nessa cesta! Sair sem um batonzinho? Nem pensar! Usar a camiseta velha? Só mesmo em dia de faxina. Dormir com aquele pijama que parece ter estado na linha de frente da guerra do Vietnã? Nunca!

Seja vaidosa, sim, e procure incorporar no seu dia a dia momentos para cuidar de si mesma. Cuidar-se e se sentir bonita e atraente para si mesma levanta a estima e faz um bem nadado pra alma.

A aparência de uma mulher significa muito para um homem. Se um homem não considera uma mulher atraente (seja no primeiro encontro ou nas bodas de prata), esqueça tudo e qualquer coisa sobre esse relacionamento.

Isso não significa beleza deslumbrante e corpo de manequim. A aparência que atrai o homem é um conjunto de coisas: corpo perfumado, voz gostosa de ouvir, andar, cabelo macio, olhar, alto-astral, sorriso, autoestima, atitudes, a roupa, o jeito de ser. Quando essa atração vira amor, ela se torna para ele a mais bela de todas.

Então, amiga, faça o melhor que puder, com tudo que Deus te deu. Nada de andar desleixada, manter a cara emburrada, baixar a estima e achar que o mundo é mau.

A maior beleza de todas é uma mulher de bem com a vida.

Use e abuse de *lingeries* sensuais. Se não sabe onde encontrar, entre no site www.mulherdiamante.com.br e deslumbre-se.

Hoje existem muitos lugares onde você também vai encontrar peças sedutoras e atraentes. Use e abuse do poder das *lingeries*.

E por fim, acima de uma aparência interessante, seja uma pessoa interessante, com um bom papo, coisas boas para contar. Quem ama a vida passa isso a todas as pessoas à sua volta. O resultado: torna-se a mulher mais sexy do mundo!

Fotos sensuais!

Há dezesseis anos tenho um projeto que faz fotos sensuais de todas as mulheres. Fui a pioneira no Brasil a criar isso, e hoje é uma coisa comum. Já fotografei mais de 16 mil mulheres, e a que mais me chamou a atenção foi uma mulher tamanho extra GG em Brasília. O humor dela era incrível, tinha uma sensualidade absurda, se divertia o tempo todo durante o ensaio e dizia o quanto o marido ia ficar enlouquecido ao vê-la em poses tão avassaladoras. O ensaio dela ficou um arraso e eu nunca a esqueci.

Ao longo desses anos, muitas gordinhas entram em contato para fazer seus ensaios sensuais e agradar em cheio a si mesmas e ao homem amado. Se você nunca fez nenhum ensaio sensual, faça (de preferência comigo!). Se você nunca fez nenhum curso sensual, faça! Vai acrescentar maravilhas à sua vida, sua autoestima e sua maneira de ser e agir. Espero você! Venha sem medo!

Espero com este livro abrir a mente das pessoas para que elas entendam que as mulheres gordas não são motivo de piada e destituídas de sensualidade. Ao contrário: são extremamente sensuais, maravilhosas e incríveis! Não é a gordura, mas como a mulher se cuida. Se ela é cheirosa, se sente bonita, se arruma e ama a vida, vai ser a mais magnética das mulheres, não importando se é gorda ou magra.

Cabe a você, mulher gorda maravilhosa, não dar a mínima bola para pessoas medíocres, assumir seu corpo, se sentir feliz com ele e procurar pessoas que te enxerguem como alguém especial, para assim fazer de seu mundo um mundo muito mais feliz!

Quarta estação
Romântica!

Todas nós somos românticas e sonhamos com momentos de puro encantamento. Não precisa ser sonho. Vamos trazer esses momentos para nossa realidade.

Encontrar alguém!

Sim! Procuramos alguém que nos complete, que traga brilho e alegria a nossos dias, que partilhe momentos especiais da vida, que seja companheiro, atencioso, sincero e tenha todas aquelas qualidade que nos fazem suspirar.

Muitas gordinhas têm medo de ficar sozinhas. De não encontrar ninguém que as queira e terminar seus dias de solidão com um *poodle* de estimação e uma dúzia de gatos.

Mas tenho certeza de que esse medo não é exclusividade das gordinhas, mas também atinge as magrinhas, loirinhas, moreninhas etc. E os homens também, acredite!

O sonho de todo ser humano é encontrar sua metade, sua alma gêmea, aquela pessoa especial para dar um sentido maior à vida. E essa procura é feita de erros e acertos, ganhos e perdas, vitórias e derrotas.

Porém, muitas gordinhas têm a crença de que os homens nunca as olharão com desejo, amor e sinceridade. Em face disso, se fecham dentro de uma concha. E o medo de ser rejeitada ou de sofrer é tamanho que inconscientemente acabam afastando as pessoas, ou não permitindo uma aproximação.

Ouvi uma vez de uma amiga algo que resume bem o pensamento de muitas gordinhas: "Quando um homem com um supervisual olha pra gente, geralmente no primeiro momento achamos que um homem com esse visual não vai querer nada com uma mulher com o nosso visual. Então, imediatamente descartamos a ideia e procuramos nos afastar".

É lógico que existem homens que não gostam de mulher gorda, assim como existem aqueles que não gostam de mulher morena, ou baixa, ou alta, ou aqueles que não gostam de mulheres.

Existe até aquele grupinho que exibe a mulher como troféu. Mas você vai procurar alguém especial e vai achar.

Macholândia

Convivemos com todo tipo de pessoas. Pessoas que receberam educação e cultura diferentes das que nós recebemos. E por isso têm pensamentos, vontades e desejos diferentes dos nossos. Que bom que é assim, pois se todo mundo pensasse e agisse igual, o mundo seria um tédio. O que precisamos é conviver com essas diferenças sem nos deixar abalar, e de forma rica e construtiva.

Falando de homens, desde pequenos eles estão sempre em competição. Aprendem logo cedo que o que vai delimitar seu poder são seus atos, o que fazem e o que demonstram, e não seus verdadeiros sentimentos.

Motivado dessa maneira, o menino sabe que tem que ser dono da bola, tem que fazer o gol, tem que ter o melhor carrinho. Na adolescência isso não para e chega até a fase adulta, quando continuamente o homem procura exibir aos outros os troféus conquistados: o carro, o emprego, a posição social, a roupa de grife e, para alguns (pasmem!), entra também nessa lista a mulher.

Os machos de nossa sociedade (veja bem, estou citando machos e não homens. Homens são providos de sentimentos, sensibilidade e inteligência) tendem a exibir suas mulheres também como símbolos de suas habilidades de conquista, virilidade e poder.

Infelizmente para essa tribo de machos, esse troféu tem variações de *status* de acordo com o tipo físico da mulher. Se a mulher exibida estiver dentro dos padrões de beleza impostos pela sociedade e pela mídia (magra), você é um cara normal, com livre acesso ao Clube da Macholândia e até leva seu trofeuzinho. Quando a mulher é acima da média imposta (sarada), seu troféu é um pouco maior, por conquistar, manter e dormir com uma mulher assim. Mas, minha amiga, para essa turma, quando um macho apresenta como namorada uma gordinha, os outros da espécie, que não conseguiram evoluir além da era paleolítica, vão tachá-lo como alguém incapaz, e seu troféu vai ser considerado pelos outros um mero prêmio de consolação.

Se liga, mulher!

Negar que esse tipo de homem existe é fugir da realidade. Mas assim como existem "machos", existem "homens" também. E a gordinha não pode ficar triste ou ser infeliz porque em seu caminho ainda não apareceu o príncipe encantado. Olhe à sua volta! Não é só com você que acontece isso! Quantas mulheres hoje estão solitárias? Milhões! E no meio delas encontramos altas, magras, baixas, gordas. Acorde! O problema não é a gordura. O problema é a sua fixação com a gordura. E, acredite se quiser, existem homens neste mundo com sensibilidade suficiente para amar uma mulher por tudo que ela é e representa, independentemente de sua aparência física.

Então, canalize seus pensamentos para esses homens e, ao longo do caminho, vá descartando "os machos", limpando terreno e abrindo sua mente e sua vida para algo melhor, porque você merece.

É certo que às vezes essa espera se torna longa, e com o passar do tempo mulheres gordas do mundo todo culpam o excesso de peso por sua solidão. Se envolvem em relacionamentos rápidos e voltam para casa sozinhas.

Mas as mulheres com orelhas de abano, as mulheres com nariz de pimentão, as mulheres com pele cheia de acne, todas culpam um fator estético externo, quando o problema está na mente e no que vai em seus próprios corações.

Será que é só comigo?

A sensação de conhecer alguém, criar esperanças, ter uma noite de amor maravilhosa e no dia seguinte não receber sequer um telefonema, e nos dias seguintes descobrir que o rapaz sumiu, e você não passou de *fast food* nas mãos de alguém, deixa um gosto amargo na boca.

Todas, veja bem, todas as mulheres passaram, passam e passarão por isso. Não pense que é "privilégio" de mulheres gordas. O fato é um só: hoje em dia, os homens não precisam mais namorar na sala de mãos dadas, conhecer a garota durante longos meses, casar, para só então ter sexo. O mundo moderno, a era do ficar, aboliu muitas etapas.

Encontramos em toda parte homens e mulheres solitários. E muitos homens não estão interessados em compromisso, apenas em cama.

O problema, na maioria dos casos, não está neles, mas em você. Esses homens sabem muito bem o que querem! E você?

Se estiver a fim de cama somente, não espere telefonema no dia seguinte. Se acontecer, ótimo, se não acontecer, não fique grudada no telefone. Retoque o batom e volte a sair linda e poderosa. Agora, se estiver a fim de um compromisso mais sério, veja bem o terreno onde pisa, não se iluda com frases de efeito e lembre-se: ações valem mais do que palavras!

Não faça planos e não trace já um futuro com esse homem, apenas leve um dia de cada vez. O relacionamento ainda é muito instável para construir um castelo em sua cabeça que pode ruir a qualquer momento. É como construir um prédio em bases de isopor.

Primeiro, deixe a base do seu novo relacionamento bem sólida, e isso vem com o tempo.

O mais importante: conquiste sua autoestima em primeiro lugar, pois isso não a deixará carente e insegura. A carência e a insegurança são luzes que atraem conquistadores baratos de longe, pois sabem que mulheres assim são presas fáceis.

Defina o que deseja em sua vida e procure ser feliz. E se acontecer, mesmo com tudo isso, de não receber o famoso telefonema do dia seguinte daquele homem que te encantou e seduziu durante semanas, daquele em quem você até acreditou, não fique triste. Pense que a vida te proporcionou momentos maravilhosos com alguém, que foi bom e pronto. Se ele não ligou mais, está fora da sua lista de homens que valem a pena. E que bom que você descobriu isso logo!

Depoimento

"Antes, quando conhecia um homem, ficava muito ansiosa. Minha primeira pergunta era se a gordura iria atrapalhar alguma coisa. Quando ele não ligava no dia seguinte, ficava mal, culpava o excesso de peso e descontava na comida. Quando algum namorado me tratava mal também. Hoje tudo mudou! Aprendi a me gostar, e levo um dia de cada vez, escolhendo bem o terreno onde piso. Posso dizer que: não choro mais por causa de homem! Eles é que choram por mim."

Vera Lúcia – Promotora de Eventos

O que realmente importa!

Agora, minha amiga, vou lhe dizer o que considero o mais importante: sua felicidade não está em encontrar um homem. Lógico que é gostoso, faz bem etc. Mas você tem que reconhecer em primeiro lugar que quem vai te fazer feliz é você mesma. Portanto, ame-se, goste-se, valorize-se. Você é 100% responsável por todas as coisas que acontecem em sua vida. Pode escolher entre ser feliz ou infeliz. Encare a vida com bom humor, alto-astral, aproveite um dia de cada vez. Se achar que um homem não está valorizando a joia preciosa que é, descarte. Sacode a poeira e dá a volta por cima.

Xô, urubu!

Tome muito cuidado com o urubu! O urubu é aquele homem que está com você apenas para te sugar, manipular, estragar sua vida e depois te deixar vendo navios. Nunca aceite alguém assim pelo simples fato de ter um romance! Você merece muito mais do que migalhas!

Muitas mulheres gordinhas, na ânsia de estar com alguém, por vezes fecham os olhos para os inúmeros defeitos do seu parceiro. Ignoram sua personalidade e até escondem de si mesmas o jeito como são tratadas, arrumando justificativas para os maus-tratos que recebem.

Na verdade, para fugir da solidão, elas acabam aceitando qualquer urubu que aparece, enfeitam o bicho com penas de pavão e fogem da realidade, vivendo um romance que existe apenas em seus sonhos e imaginação, e não na vida real.

Por mais que os amigos ou a família alertem, os olhos dessas gordinhas continuam fechados. Na verdade, elas não estão apaixonadas pela pessoa, mas pela possibilidade de estar com alguém... Não importa quem!

Elas não se julgam dignas ou merecedoras do direito de escolher ninguém. Aguardam ser escolhidas, e quando isso acontece, é como se inconscientemente agradecessem o favor prestado, se agarrando desesperadamente e a todo custo na relação.

Veja esta história:

A visita

Os personagens:
AP: Amiga preocupada
GCAQCPÑFS: Gordinha carente aceitando qualquer coisa para não ficar só
NCPJ: Namorado canalha próximo à janela

A conversa:

AP: Oi, amiga! Desculpe chegar assim sem avisar, mas eu precisava falar com você! Faz tempo que sumiu! Não vai mais à faculdade e eu estou preocupada!

GCAQCPÑFS: Entra...

AP: Que monte de cerveja é esse espalhado pela casa? Você deu pra beber?

GCAQCPÑFS: Não... É que meu amor veio me visitar, e como está calor, ele bebeu só um pouquinho, o suficiente para matar a sede. Olhe, amiga, abra caminho pelo meio das latas e sente-se comigo no sofá! Antes, me ajuda a achar o sofá... Acho que está embaixo daquele monte de latas de cerveja ali no canto!

AP: Ele está aí, né?... Não sabia! Diga: ele sempre fica olhando pela janela desse jeito nervoso?

GCAQCPÑFS: O dia todo. É que ele gosta de observar os pássaros, as flores e as borboletas!

AP: Então por que ele abaixa rapidamente toda vez que ouve uma sirene de carro de polícia?

GCAQCPÑFS: Simples tique nervoso!

AP: Bom, amiga, como já disse, você se afastou de todo

mundo, e eu estou preocupada. Olhe só para sua aparência. Parece até que nem se cuida mais!

GCAQCPÑFS: Ele curte em mim um *look* mais natural!

AP: Sei que seu namorado não gosta de mim. Aliás, ele não gosta de ninguém, mas eu preciso falar e gostaria que você me ouvisse...

GCAQCPÑFS: (mal ouvindo a amiga e olhando enlevada para o namorado) Olhe para ele! Não é linda a mania que ele tem de cutucar o dedão do pé com um garfo?

AP: Querida, ele tem um cheiro horrível!

GCAQCPÑFS: Puro estilo!

AP: Ele só te procura quando quer!

GCAQCPÑFS: Ele é um homem muito ocupado!

AP: Ele te humilha na frente dos outros!

GCAQCPÑFS: As pessoas é que não entendem o senso de humor que ele tem!

AP: Ele nem te dá carinho. Por acaso ele te chama de apelidos carinhosos de bichinhos, como gatinha, coelhinha?

GCAQCPÑFS: Olha bem para o meu tamanho! Nem ficaria bem. Ele diz que escolhe para mim nomes que combinam mais, como anta, vaca, jamanta, baleia!

AP: Aposto que nem bom de cama ele é! O que me diz de preliminares, carícias, orgasmos?

GCAQCPÑFS: Ele é um homem moderno. Sua fórmula para o sexo é entra, sai e pronto. E posso dizer que são trinta segundos inesquecíveis!

AP: Ele nem te beija!

GCAQCPÑFS: Que injustiça! Beija, sim. Nunca me esqueci do Natal passado, quando ele me beijou! Foi maravilhoso!

AP: Ele te trata muito mal!

GCAQCPÑFS: É o jeitão dele. Mas no fundo, bem lá no fundo, nas profundezas do fundo, eu sei que dentro dele tem um bom garoto!

AP: Olhe! Ele está tirando a camisa. Nossa! Por que ele tem uma tatuagem enorme do Bin Laden e seus compatriotas nas costas?

GCAQCPÑFS: Todo homem torce para algum time!

AP: Amiga, me diga: o que você viu nesse homem?

GCAQCPÑFS: A questão é o que ele viu em mim! Você sabe, gorda desse jeito, tenho mais é que agradecer o fato de alguém querer ficar comigo. E como ele mesmo está cansado de me avisar toda hora: se eu perder esse homem, não vou achar outro nunca. Ruim com ele, pior sem ele!

AP: Não é bem assim... Mas, que livro é esse? Não acredito! Me diga agora, por que ele faz curso de estrangulamento por correspondência?

GCAQCPÑFS: Todo aprendizado dignifica o ser humano!

AP: Reparando bem, por que ele tem cordas de náilon espalhadas pela casa?

GCAQCPÑFS: Ah! Para alguma emergência, no caso de ter que amarrar alguma coisa.

AP: Por que ele está olhando para mim desse jeito?

GCAQCPÑFS, indo em direção à cozinha: É o jeito que ele tem de cativar as pessoas. Vou fazer um café para nós duas.

AP: Por que ele está vindo na minha direção com uma corda de náilon nas mãos?

GCAQCPÑFS (voz vinda da cozinha): Acho que ele quer te mostrar o quanto essas cordas são boas para amarrar coisas. Sabe que é até um bom momento, enquanto termino o café, para vocês fazerem amizade e você tirar essa péssima impressão que tem dele...

AP- Socorr... Argh! (Engasgo. Tosse. Tosse. Engasgo. Silêncio...)

GCAQCPÑFS: E eu acho que sou feliz assim, amiga, não se preocupe. Na verdade, nunca me perguntei sobre minha felicidade, mas acho que está tudo bem...

Na sala ouve-se o barulho de um corpo sendo arrastado e colocado no porta-mala de um carro. Barulho de carro saindo, barulho de carro voltando. Som de passos entrando pela sala e silenciando próximo à janela.

GCAQCPÑFS (entrando na sala com uma bandeja de café nas mãos): ...além do mais, acho que ninguém tem nada a ver com isso... Ué! Benhê, cadê minha amiga?

NCPJ: Não sei... Acho que saiu...

GCAQCPÑFS: Essa gente é muito louca! Amor, eu te amo...

NCPJ (arroto): Qué mais cerveiiija!

GCAQCPÑFS: Adoro esse jeitão romântico com que você me trata! Realmente minha amiga não entende nada de amor!

Por que isso acontece?

Exageros à parte (minha intenção era brincar um pouco com a situação), isso acontece por várias razões:

Baixa autoestima – A principal delas é a baixa autoestima. Como a gordinha não se acha merecedora de amor, e muito menos de escolher alguém, ela aceita qualquer um. Isso é um grande erro. Amiga, a vida é uma só para você desperdiçar parte dela com homens que não reconhecem o valor que você tem.

Crenças – De tanto ouvir que gordinhas são infelizes no amor, essa crença fica enraizada e muitas mulheres vivem, como se fosse a coisa mais natural do mundo, um relacionamento infeliz, acreditando que esse é seu destino imutável.

Medo – O medo da solidão faz com a mulher gorda aceite qualquer relacionamento que apareça. Na realidade, ela não está nem apaixonada pela pessoa, mas sim pela oportunidade de estar com alguém... Não importa quem!

Carência – Às vezes, por estarem muito tempo sozinhas, elas não pensam muito quando aparece alguém. Ficam com o primeiro que demonstra um pouco de carinho e atenção.

Autorrejeição – Mesmo que inconscientemente, às vezes um relacionamento ruim é aceito como forma de autopunição. Ela mesma se rejeita e procura aceitar alguém que confirme sempre o fato de que realmente merece apenas rejeição.

Repare bem: isso não é exclusividade das mulheres gordas, mas de toda e qualquer mulher que não se ama...

Depoimentos

– Vivi com um homem durante quinze anos. Durante esse tempo todo, o que ele mais fez foi me pisar e me tratar como cachorro. Depois, como se fosse mesmo com um cão, bastava um afano na cabeça e lá estava eu abanando o rabinho novamente, pronta para receber mais algumas migalhas de amor que ele estivesse disposto a dar. Me anulei completamente e isso se refletia no meu modo de falar, andar e interagir com o mundo.

Ele procurava sempre me dizer que eu era uma gorda e por isso nunca iria encontrar alguém que me quisesse, fora ele. Um dia, uma amiga me levou a uma palestra com a profa. Nelma Penteado. Daquele dia em diante resolvi mudar. Ele riu da minha iniciativa.

Posso dizer que hoje quem ri à toa sou eu: mandei aquele filhote de "cruz-credo" metido a galã embora. Passei a me amar mais, me arrumar mais, passei a olhar os homens e as pessoas nos olhos.

Minha família e amigos notaram a minha mudança. Descobri a linda mulher que eu sou. Hoje tenho vários homens aos meus pés, basta querer. Estou muito feliz no meu emprego, na minha vida social e na sentimental também. Tenho um namorado que me adora e beija o chão que eu piso. Por quê? Porque eu descobri que tenho muito valor. Antes eu não sabia disso. Eu me considerava tão valiosa como uma pedra de rua, e como consequência era tratada como algo a ser pisado e esquecido. Hoje, eu sei que eu sou um grande diamante! E o mundo à minha volta me recebe como quem recebe uma valiosa pedra preciosa.

Jane Silva, 32 anos, secretária

Eles querem, sim!

Eu sei, eu sei, eu sei: aprendemos desde criança, de diversas maneiras, que os homens fogem das mulheres gordas.

Quando tinha 6 anos lembro que liguei a TV para assistir ao meu desenho favorito: o Pica-Pau. No desenho que estava passando, o Pica-Pau segue uma índia (magra) e então de repente é capturado pela tribo toda.

Na tribo, o chefe diz que ele terá que se casar com a filha do chefe. O Pica-Pau fica empolgado, pensando que era a moça que ele estava seguindo. Porém, quando a tenda se abre, ele vê uma índia gordinha sorrindo e mandando beijinhos.

Ele se assusta e foge, e a trama do desenho se desenrola com ele "fugindo da noiva" e do vilão da história que queria roubar as pedras preciosas que a tribo guardava.

O desenho termina com o vilão sendo capturado, e como "castigo" o chefe o obriga, sob pena de morte, a se casar com a noiva gordinha.

– Por que o Pica-Pau fugiu dela? –, perguntei na minha inocência de 6 anos.

– Porque ela é gorda! – alguém respondeu.

Naquele momento aprendi que os pretendentes fogem de noivas gordas. Não foi o último desenho a que assisti no qual casar com uma gorda era visto como castigo ou ser perseguido pela gorda era motivo de piada. A TV mostra isso a toda hora, em programas idiotas, propagandas que não respeitam o consumidor e filmes mais idiotas ainda.

Não vejo graça nenhuma e aposto que você também não!

Mas minha grande descoberta foi perceber que eles estão errados, amiga, errados! Com certeza, vão continuar fazendo isso, mas a verdade da história é que existem muitos homens que querem mesmo, de todo o coração, corpo, vontade e alma encontrar uma gordinha.

Só que, de tanto ouvir que eles não querem, muitas mulheres gordas passaram a fugir dos relacionamentos, com medo de sofrer.

Acorda pra vida e me escuta: eles querem, sim! Não vou nem falar mais nada, vou deixar que eles falem!

Vamos conhecer agora a opinião deles sobre o assunto, para responder definitivamente a você, mulher gorda que acha que a palavra peso te qualifica como encalhada e solitária. Enxugue essas lágrimas, acabe logo com essa tristeza que só faz mal a você mesma e preste bastante atenção: entrevistei centenas e centenas de homens e descobri muitas coisas maravilhosas. Veja estes depoimentos:

É uma batalha, porém, deliciosa!

Você nunca escolhe a mulher por quem vai se apaixonar. Confesso que quando imaginamos, dificilmente passa em nossa cabeça a imagem de uma mulher gorda. Era o meu caso. Porém, quando me apaixonei por ela, percebi que tinha todas as qualidades que eu sonhava em uma mulher. Quanto ao corpo? Bem, percebi que para mim era um conceito novo, com o qual eu iria aprender a me adaptar, já que tinha sido criado naquela atmosfera masculina de namorar "as gatas", isto é, somente aquelas que poderiam atravessar a Avenida Paulista em pleno meio-dia de biquíni, sem nenhum problema.

Aos poucos fui descobrindo coisas maravilhosas sobre aquele corpo amado: as curvas de uma mulher gorda são a maior delícia... Superconvidativas. Abraçar essa mulher cheirosa é uma experiência de prazer imenso, indescritível. Quase como mergulhar em uma nuvem macia e gostosa. Posso dizer que a sensação é maravilhosa.

Descobri coisas ruins também. Não com relação a ela, mas, pasmem, com relação às outras pessoas. Nunca tinha atentado para isso. Percebi que comecei a enfrentar os olhares das pessoas, calculando mentalmente, enquanto nos cumprimentavam, que minha namorada pesava mais do que eu. Aprendi que sair em público com uma mulher gorda é meio como entrar em um ringue: você já sabe que vai levar porrada de alguém, de alguma maneira. De uma coisa você pode ter certeza: não passará despercebido nunca mais. Homens e mulheres olham pra você, indagando com os olhos qual é a razão de sua felicidade, tesão e amor?

Não é uma neurose, mas vivemos em um mundo onde as pessoas não aceitam muitas coisas, e uma delas é o fato de você ser gordo. Se você é magro e está com uma mulher gorda, as pessoas te olham de diversas maneiras, tais como:

Recriminando (os olhos transmitem) – Esta mulher não é para você! Ela é gorda e você magro!

O que sei é que essas pessoas não entendem nada de vida, romance e paixão. Rotulam isso em tamanho de

corpo, nariz, pé ou orelha. No fundo são pessoas infelizes, que buscam descontar nos outros suas frustrações e ignorância, porque nunca descobriram na vida o verdadeiro significado das palavras amor e felicidade.
Admirando (os olhos, e às vezes até a boca, transmitem) – Homem, como você pode comer essa mulher?
O que sei é quanto prazer ela me dá e tudo que sinto nos braços dela é algo inigualável e com certeza inesquecível. Pobres homens de mentes pobres, que pensam e acreditam que sexo e tesão bom têm tamanho certo. Prefiro mil vezes ficar com meu sexo e tesão tamanho extra GG. Só sei que é maravilhoso.
Com receio (os olhos transmitem a mensagem) – Isso pega?
O que eu sei é que queria que isso pegasse em todos os seres humanos do planeta, sim! Isso que digo é essa capacidade de amar independentemente de a pessoa ser gorda, magra, alta, baixa, preta, branca, amarela ou cor-de-rosa. Queria também que pegasse em todos os homens e mulheres a capacidade de não julgar, afastar ou discriminar alguém por causa de peso, altura, sexo ou raça. Queria que pegasse, sim, em todos os casais, a felicidade imensa que eu e minha gorda partilhamos juntos. Não troco essa mulher por nada.
Como se olhassem um escoteiro fazendo uma boa ação (os olhos transmitem a mensagem) – Menino, você vai para o céu!
O que eu sei é que não faço favor nenhum a ela por estarmos juntos. Eu é que agradeço essa mulher gostosa, maravilhosa e sensacional a oportunidade que ela me dá de descobrir o verdadeiro significado da vida.
Ela – Bom, precisaria ficar dias aqui para tentar transmitir tudo o que ela tem de bom. O que mais me chamou a atenção desde o início foi o seu bom humor, altíssimo astral, sensualidade e autoestima. Ela se gosta muito, se arruma, curte a vida, está de bem consigo mesma. Fora isso, faz todos à sua volta se sentirem muito bem. Realmente é uma mulher apaixonante.

Paulo F. G., 32 anos, publicitário

Elas mesmas nos afastam!

Vocês, gordinhas, muitas vezes afastam as pessoas. Vocês têm tanto medo de ser rejeitadas, ou de sofrer, que acabam rejeitando ou não permitindo uma aproximação. Meu maior problema com as mulheres gordas não é a gordura, mas a baixa autoestima que elas têm. Com o tempo essa baixa autoestima cansa, destrói o tesão e o relacionamento. E elas juram que foi a gordura que matou tudo, mas, acreditem, não foi.

Se nossas gordas soubessem que sentimos prazer nelas, justamente naquilo que elas mais detestam: as curvas amplas, o corpo cheio, as formas opulentas, suculentas e gostosas de pegar e apalpar.

Mas aí vem a baixa autoestima e coloca tudo a perder. Você sente... Percebe o constrangimento que ela tem do corpo. É algo tão palpável, como se vocês fossem três: você, ela e a vergonha. Isso os acompanha no cinema, no restaurante, no motel, nas ruas. E é muito dolorido perceber o corpo de quem você ama se retesar diante das piadas imbecis, que imbecis soltam sem pensar: "E aí, cara. Aposto que com ela você goza duas vezes, né? Uma quando goza e outra quando ela sai de cima, né?".

Já quebrei o nariz de um cara por dizer isso, mas não consegui quebrar a baixa autoestima de muitas e muitas mulheres gordas pelas quais me apaixonei.

Por mais que você tente mostrar a ela seu amor, muitas coisas ela mesma dificulta. Por exemplo:

Elogio: elogiar uma mulher gorda com baixa autoestima é meio complicado. Ou ela acha que você está brincando, ou querendo alguma coisa, ou fazendo piada. Sua reação imediata é geralmente nunca acreditar na primeira vez. Por mais que você fale, ela não acredita. Algumas até me pediram para parar de elogiar, pois parece que em algum lugar esse elogio, que ela acredita ser falso, machuca e magoa.

Entendo que eu sou apenas uma pequenina voz elogiando no meio de milhares e milhares de vozes criticando, com as quais essa mulher já conviveu, convive ou conviverá.

Lingerie: comprar roupa íntima para uma namorada gorda é mais difícil do que comprar elefante roxo em uma floricultura. As numerações geralmente acabam e você nem chegou perto de falar o número dela. Fora enfrentar o riso contido da balconista quando você pergunta se tem algo mais sexy.

Paciência: para amar uma mulher gorda você tem que aprender a ter paciência. Paciência com as pessoas que vão sempre de uma forma ou de outra questionar seu relacionamento, e principalmente paciência com sua amada, quando você ama alguém que não se acha digna ou merecedora do amor de ninguém. Ela pensa e foi ensinada que ficar acima do peso destrói automaticamente o botão que faz com que os outros a amem. A fórmula em suas cabeças é a seguinte: gordura + excesso de peso = ninguém vai me amar nunca!

Parece que ser gorda é um crime e de alguma forma você tem que pagar. Não é fácil se sentir diferente, pois sabemos que o mundo faz a mulher gorda se sentir rejeitada e rejeitar o próprio corpo. Mas, em vez de lutar contra isso, muitas mulheres simplesmente abaixam a cabeça e aceitam o veredito: ninguém gosta de mim!

Comida: o que é uma coisa simples e rotineira para vários casais, para quem está com uma gorda não é. Você de cara, na hora de pedir o prato, percebe que seu amor está em luta com ela mesma. Ela está com vários dilemas para resolver:

a) Escolher o que realmente quer comer e não dar a mínima para a opinião alheia, inclusive a sua!
b) Escolher o que pode ou não comer, de acordo com a dieta escolhida naquela semana (elas sempre estão de dieta).
c) Escolher o que vai deixar que você e o resto do restaurante vejam que ela come, pois nesse caso o dilema se divide em dois: se ela come pouco, os olhares para vocês dizem o seguinte: "Olha-lá-a-gorda-fazendo-regime!" Se ela come o normal ou um pouco mais, os olhares já mudam: "Olha-lá-a-gorda-se-entupindo-de-comida. Depois-reclama!" E te digo, meu amigo, que a hora da sobremesa, então, é uma agonia.

Meu Deus! Parece que ter gordura extra é pecado capital! Ainda por cima vemos a TV e as revistas lotadas de anúncios de garotas com corpo magro e esbelto. São modelos de 14 a 15 anos, com maquiagem e cabelo de mulherão. Fora isso, o Photoshop ajuda um bocado. Mas nossa amada acreeediiitaaa que é aquilo que nós cobiçamos. Ela não pensa que é normal uma garota magra de 15 anos não ter celulite ou gordura localizada. Mas quando essas garotas são entrevistadas, vem aquela pergunta feita por algum apresentador com cérebro de ameba: "O que você faz para manter esse corpo tão lindo? Ensine as nossas telespectadoras, para que elas possam ser felizes também!".

Aí o feto responde: "Eu só como alface, tomo vinte litros de água por dia e malho durante oito horas". E as telespectadoras se sentem frustradas e infelizes. E sua amada também.

Eu digo sempre: mulher para mim tem que ter o corpo cheio, bochechas gorduchas e muita coisa para se apertar, apalpar, beijar e amar. Quando será que encontrarei uma mulher que seja tudo isso, mas que acima de tudo se ame, se goste e se ache maravilhosa, para que a baixa autoestima não estrague tudo novamente? Não sei... mas continuarei procurando!

João V., 28 anos, comerciante

Sou tarado por gordinha!

Fico maluco quando tento abraçar uma mulher gorda e meus braços não chegam para tamanha gostosura. Falta braço, mas sobra tesão. Não sei se as gordinhas são melhores de cama, só sei dizer que já fui para a cama com mulheres gordas e magras, mas as gordas me encantam totalmente. Não existe nada melhor do que beijar e brincar com aqueles seios enormes maravilhosos, aquela bunda grande me roçando e me deixando louco, e passear as mãos num corpo lotado de curvas! Ai! Só de pensar, perco a razão.

Nada se compara à visão de uma gordinha nua, estendida na cama, voluptuosa, esperando você. Se

ela ainda por cima é alegre, bem-humorada, se gosta e tem alto-astral e sensualidade, então é de qualquer homem ficar de quatro mesmo.
Tem muitos homens achando que as mulheres gordinhas são assexuadas. Só servem mesmo para amizade ou para "quebrar um galho" em algum momento solitário. Como estão redondamente enganados! As mulheres gordas que se gostam são o máximo na cama. E fora dela também. Entenda bem que frisei: as que se gostam. Pois é aí que está a chave de tudo.
Mulher depressiva, mal-humorada, afasta qualquer um. E pode ser gorda ou magra que não adianta. Mas falando de gordas, tem gordinhas tão obcecadas com magreza que olham as mulheres magras com uma certa dose de raiva e inveja, como se estivessem usurpando algum direito delas. Entendo isso, pois o bombardeio em revistas e anúncios de mulheres magérrimas é enorme. Parece até que as gordas são gordas por puro desleixo e as magras sempre merecem troféu.
As revistas femininas enfatizam a felicidade sempre presente da mulher magra, e ensinam que basta comer granola e alface e malhar duas horas por dia que logo você vai ficar com o corpo da estrela da TV! Me engana que eu gosto!
Mas fica aqui meu aviso para as mulheres gordas: vocês são gostosas demais e nós amamos vocês!

Márcio Batista, 55 anos, médico

É horrível!

Eu amo gordinhas. Mas às vezes não é fácil lidar com elas. Na cama, são maravilhosas. Fazem de tudo e mais um pouco, como que para provar que são melhores que as magras, ou para nos dar uma espécie de bônus por dividir a cama com uma mulher tão gorda. Mas depois, quando a gente quer abraçar mesmo o relacionamento, elas ficam inseguras, cheias de medo e carências.
Muitas dizem que homens não gostam de gordinhas, mas é mentira: do que não gostamos é do comportamento

de muitas delas: carente, aderente, não gostam de espelho, fazem antipropaganda o tempo todo e culpam a gordura por tudo.
Acordem, mulheres!

Marcos de Almeida, 48 anos, arquiteto

Não é a gordura, é a mulher!

Em toda a minha vida conheci vários tipos de mulheres, mas percebi que elas se dividem muitas vezes em dois: mulheres que se amam e se cuidam, mulheres que não se amam e não se cuidam.
Quando olho uma mulher, a primeira coisa que reparo (lógico, sou homem!) é seu visual. Não, não estou falando de ser magra ou gorda. Estou falando de suas roupas, como arranja seus cabelos. Depois vem seu perfume, seu jeito de olhar, de se portar, de falar, de me tratar.
Se uma mulher é delicada, decidida, coloca roupas que valorizam tudo que ela tem de bonito e sensual, tem um perfume gostoso, cuida do seu corpo no sentido de ter pele e cabelos bem cuidados e tem aquele algo mais que vem da autoestima e faz com que seja bem-humorada, sexy, provocante e de bem com a vida, pode apostar que você vai me encontrar lá caidinho de quatro por ela!
O olhar dessa mulher vai me fazer mil promessas, sua boca vai me fazer imaginar loucuras e seu toque vai me fazer esquecer nome, endereço, CIC e RG!
Se ela é gorda ou magra, não importa: ela é uma MULHER PODEROSA! E é isso que vai chamar minha atenção!

Fernando Inostrosa, 31 anos, professor e tradutor

Conclusão:

Amiiigaaa! O problema nunca será seu excesso de peso corporal! Será sim seu excesso de peso de baixa autoestima, depressão, acomodação, carência e todas aquelas coisas que transformam sua vida em algo péssimo.

Homem que vale a pena gosta de mulher que gosta de si mesma. E isso independe de altura, peso etc. É claro que você vai encontrar homens que não gostarão de você! Mas até a Gisele Bündchen já encontrou gente assim pela frente! Que seria do amarelo se todos gostassem do rosa?

Descubra sua tribo, saia, curta a vida, se relacione com pessoas, sinta-se linda, maravilhosa e gostosa, e verá a diferença que isso vai fazer em sua vida.

Dá um pouco de trabalho? Mas esse é o mal da humanidade. Quem disse que achar nossa cara metade é fácil? Não é, não! Quantas mulheres magras e famosas não estão sozinhas também. Entendeu? Abra essa cabecinha dura! Não é a gordura, é o que você faz do seu corpo, de sua mente e de sua vida!

Vamos lá! Chega de deprê! Melhore essa autoestima, sinta-se bem consigo mesma e veja surgir à sua volta mudanças significativas!

Seu valor!

Olhe à sua volta! Saiba que você tem muito valor e, quando perceber e demonstrar isso, encontrará pessoas que te amam, mesmo que nunca consiga usar um manequim 36. Olhe para você e procure se sentir bem, exatamente do jeito que é. Quantas pessoas não adorariam ter o que você tem! "O que eu tenho?", você pode perguntar.

Puxa, amiga, tantas coisas: uma vida inteira pela frente, enquanto encontramos mulheres com os dias contados pela medicina; a capacidade de interagir em sua vida para que tudo melhore, enquanto encontramos mulheres presas em uma cama, com a inteligência de um bebê recém-nascido; a simples alegria de sentir o sol em seus cabelos, de sorrir, de cantar, quando muitas mulheres têm apenas a luz de um quarto de hospital para iluminar seus dias e perderam toda a capacidade de sorrir e de cantar.

Acorde! Não batalhe para ser magra amanhã, batalhe para ser feliz hoje!

Ame o seu corpo por tudo que ele é capaz de fazer e realizar!

Na frente do espelho, pare de contar problemas, conte as grandes bênçãos que Deus te dá todos os dias!

Ame a vida. Perceberá que muitos homens passarão por seu caminho. O príncipe encantado será com certeza aquele que te ama exatamente do jeito que você é hoje! Para aqueles sapos que te esnobam por causa do seu corpo, pense: que conteúdo interessante e de valor um homem desses teria realmente para você? Nenhum! Então, faça as pazes com essa situação, deixe os sapos passarem por sua vida, sem mágoas nem depressão.

Ame-se muito e sempre. E amar significa também parar de se criticar ou se culpar quando alguma coisa ruim acontece. Seja gentil consigo mesma, liberte-se. Você se culpou, comparou e criticou durante anos e não deu certo. Mude seu foco: aprove-se do jeito que é, ame-se e verá o que acontece.

Lembre-se de que cada pensamento que você tem hoje está criando seu amanhã. Então, crie paz, harmonia, bem-estar, compreensão e equilíbrio em sua mente, pois assim irá encontrar tudo isso em sua vida também! Palavra de gorda feliz! Aliás, extremamente feliz!

Sem medo!

Quando a mulher gorda é cantada por um homem "perfeito demais", muitas me contam que sua primeira reação é a de olhar para trás ou ao redor para ter certeza de que o cara está falando com ela mesma. Depois pensam que pode ser alguma pegadinha e logo em seguida já começam a pensar na ideia de descartar o cara, antecipando a "certeza de que vai sofrer, porque é bom demais para ser verdade"!

O medo de levar um fora é tão grande que impede qualquer reação.

Querida, isso pode acontecer com qualquer mulher. Não é destino das gordas levar pé na bunda e das magras levar o belo até o altar!

E quanto mais você se fechar acreditando na própria infelicidade, mais vai se achar apenas e tão somente merecedora de homem tranqueira. Isso vai torná-la uma mulher carente, aderente, que facilmente vai se apaixonar por qualquer um que te dê um sorriso ou fale palavras bonitas.

Abra-se para o mundo, porém:

- Cabeça na lua, mas pezinho no chão!
- Não tenha medo de conhecer pessoas.
- Se a paquera surgir e você estiver interessada, não tenha medo de se relacionar.

Agora pense: se relacionar, conhecer a criatura, dar uma chance para o destino é uma coisa. Se apaixonar logo de cara, fazer do homem objeto de sua adoração e vida, respirar só quando ele autorizar, colocar o ego dele tão alto que para descer só com escada de bombeiro e fazer sua vida girar em torno dele são atitudes que farão esse homem se aproveitar de você o máximo que puder e depois correr rapidinho, não sem antes partir seu coração em mil pedaços.

Deixe o amor chegar, procure mesmo, fale para suas amigas que está querendo encontrar alguém legal, visite sites sérios na internet, saia, faça amizades e quando a paquera surgir, comece a curtir, mas raciocinando sempre se o cara está realmente fazendo bem ao seu coração. Nunca se empolgue demais no início e mantenha sempre o foco em agradar, proteger e continuar apaixonada pela pessoa mais especial do mundo: você!

Tenha sempre um plano B: ele não ligou? Em vez de passar a noite chorosa com a bunda colada no sofá, você já saiu para um cinema, uma balada ou algo que te faça bem e feliz.

Lembre-se também de que homem fala "eu te amo" com uma facilidade tremenda. O problema é que as mulheres carentes acreditam nisso com uma facilidade mais tremenda ainda. O cara falou, pronto, a mulher já está vendendo a casa, os bens e mudando de país só para encontrá-lo. Se ele vive no Brasil, ela já vai devotando 24 horas do seu dia para agradá-lo. Calma lá! Dê tempo ao tempo antes de apostar todas as fichas nessa criatura que na realidade você nem conhece direito.

Mesmo sabendo que você tem que se cuidar, proteger seus sentimentos, não estragar sua vida com alguém que não vale a pena, permita-se conhecer e interagir com pessoas. Um dia a tampa da panela aparece!

Paquera

Geralmente as mulheres gordinhas têm horror de paquerar alguém por medo da rejeição. Amiga, alguns homens vão te rejeitar, sim, e você vai rejeitar alguns também, mas também há de existir homens loucos para conhecer você!

Vamos então colocar a palavra paquera em prática na sua vida?

Vamos lá: paquerar é a arte de interagir com alguém sem objetivo sério, para fazer um novo amor ou encontrar uma nova amizade.

Então, permita-se a liberdade de paquerar.

Primeiro passo

O primeiro passo é dado antes de sair de casa. Olhar no espelho e se sentir bem consigo mesma é fundamental! Ser gordinha não significa que você tem menos chances na paquera do que as outras.

Procure limpar o passado

A pior coisa da vida é continuar deixando que alguém que nos magoou no passado continue a fazer isso no presente e estrague nosso futuro.

Quando isso acontece, nos tornamos pessoas lamentadoras, vingativas e sofredoras. O passado é o passado. Não podemos mudá-lo no presente. Todavia, podemos modificar nossos pensamentos no presente, para que um passado ruim não nos machuque mais.

E acabe com a crença de que sempre terá relacionamentos ruins. Quando você pensa assim, está acreditando que não é merecedora de um grande, belo e verdadeiro amor. E o pior, a mente é tão poderosa que você realmente só vai atrair coisas ruins.

Entenda que ninguém é de ninguém para sempre. A felicidade é feita de momentos. Após entender isso, procure gerar tranquilidade diante dos seus próximos encontros.

Todo mundo sonha com um grande amor, e não deve nunca parar de sonhar, mas enxergar em cada "Oi!" o amor da sua vida, projetar nele todas as suas expectativas, é realmente destruir a vida e mergulhar de cabeça em um mar de frustrações.

Viva um dia de cada vez e procure fazer dele algo bom. Esse homem pode te deixar daqui a cinco minutos, cinco meses, cinco ou cinquenta anos, por diversos motivos, e você pode querer deixá-lo também.

Então, aprenda a virar a página, libertar a pessoa e se libertar também, abrindo seu caminho para novos momentos especiais.

Preencha a vida

Enquanto o amor não vem, preencha a vida com coisas interessantes, com atividades que lhe proporcionem prazer. Não deixe o estigma da solidão pegar você. Mantenha uma rede de contatos, viaje, cante, dance e abra seu coração para quando esse homem tão especial chegar.

Saiba também dar uma segunda chance. De repente, ele pode ser tudo que você sonhou no primeiro encontro, ou no primeiro mês, e depois te decepcionar. Por outro lado, pode não te agradar à primeira vista e depois se revelar uma surpresa agradável.

Não julgue o livro pela capa e procure dar uma segunda chance, se no primeiro encontro ele enfiou os pés pelas mãos.

Mas tem coisas que não merecem segunda chance de jeito nenhum:

a) A química não bateu.

b) Ele marcou encontro com outra pelo celular na sua frente.

c) Grosseria, estupidez, bebedeiras, drogas.

d) Ele te tratou com total indiferença e descaso.

A vida só é preenchida realmente se temos uma autoestima elevada. Se você souber que homens interessantes gostam de mulheres que gostam de si mesmas, você vai perceber como se valorizar é algo muito bom de se colocar em prática.

Acima de tudo, saiba proteger seus sentimentos:

a) Se ele não ligar no dia seguinte, não se sinta usada e acabada.
b) Não se enterre no sofá à espera de uma ligação.
c) Proteja seu relacionamento, mas antes proteja a si mesma desse relacionamento.
d) Não chore por causa de homem.
e) Não acredite em palavras, acredite em ações.
f) Ame-se, goste-se e valorize-se sempre.

Sem essa de amiga!

Valorize seus pontos fortes. Muitas gordinhas são tímidas, pouco sensuais e ainda dão aquela relaxada na produção. Em função de tudo isso, muitas vezes acabam passando a imagem de "melhor amiga", que é na realidade um grande corta-tesão.

Lute e liberte-se disso: seja sexy, feminina, exuberante. Produza-se e aja como uma mulher e não como uma garotinha desconcertada.

Na paquera, procure homens solitários. Homens que andam em grupos e só beijam mulheres que são aprovadas pelo bando não são uma boa escolha.

Saia com amigas também gordinhas, pois vocês vão atrair exatamente os homens que valorizam mulheres gordas, gostosas e de bem com a vida.

Escolha lugares tranquilos. Muita badalação pode atrapalhar quando a intenção é conhecer alguém pra valer.

Alegria, alto-astral e autoestima

Pode acreditar que uma coisa que torna uma mulher atraente aos olhos dos homens é a alegria e o alto-astral. Então, amiga, cultive isso. Saiba contar uma boa história, uma boa piada, saiba se divertir, rir de si mesma e levar a vida de forma prazerosa.

Outro ingrediente que não deve faltar na sua paquera é uma dose de autoestima. As mulheres que se amam cuidam de si mesmas, têm alegria, vitalidade e são magnéticas. Ao contrário das que não se amam e são apáticas, lamentadoras e depressivas.

Queira dialogar

Eu digo "queira", pois conversar de forma envolvente é uma arte. Conheça algumas dicas:

a) Não fale o tempo todo de si mesma e deixe espaço para o outro falar.
b) Ao ouvir a outra pessoa, mostre sinais de que está interessada, para que ele não pense que está conversando com um molusco mudo.
c) Quando aparecer "o grande silêncio", retome um assunto que vocês já falaram e faça outra pergunta sobre ele.
d) Um encontro não é uma entrevista nem uma sessão de terapia.
e) Tenha bom humor.
f) Não conte que sua tia tem herpes e que seu cachorro morreu.
g) Não faça teste para esposa no primeiro encontro.
h) Não pergunte sobre os bens e finanças dele.
i) Não demonstre o maior desespero por se encontrarem novamente.
j) Encare tudo como uma simples probabilidade de conhecer alguém e pronto.

Uma mulher diferente

Algumas dicas são importantes se você deseja ser uma mulher diferente, no sentido de estar bem com você mesma, com a vida e com os relacionamentos:

a) Não se entregue depressa demais. Arranjamos problemas para nós mesmas quando nos atiramos em um relacionamento muito depressa. Acreditamos no cara antes que ele tenha merecido nossa confiança e achamos que ele é legal só porque aparenta ser ou porque desejamos desesperadamente que ele seja. Esse desejo nos faz ignorar ou não enxergar sinais claros que poderiam evitar decepções. O ideal é dar tempo para o relacionamento se desenvolver, sem expectativas programadas.
b) Não se apaixone por problemas. Muitas mulheres, na ânsia de ter uma relação, se apaixonam por um homem problemático e

passam o tempo todo tentando "curar" esse homem. Amiga, de problemas já bastam os seus.

c) Príncipes viram sapos. Na verdade não existem sapos. Existem ansiedades, expectativas não preenchidas, euforia que cegou entendimento, projeção de pavão em cima de um simples galo garnisé, sensação de uso etc.

d) Mantenha a cabeça erguida. Contabilize os momentos bons que teve com ele, entenda que em caso de separação quem perdeu foi ele e parta para outra sem fazer da história toda um trauma em sua vida. Isso vai gerar dignidade, respeito e carinho por você mesma.

Entenda o mundo masculino imbecil

Hoje os homens não precisam de longos relacionamentos para ter sexo. Então, muitos, vamos repetir, muitos não estão interessados em compromisso. Isso não é regra básica, mas em termos de encontros, as mulheres classificam nesta ordem:

1. amor
2. sexo
3. sacanagem

Os homens classificam assim:

1. sacanagem
2. sexo
3. voltar à sacanagem e ao sexo
4. amor

Mas não pense que os homens não valem a pena. Valem. O problema é que você precisa desenvolver defesas contra imbecis. Porém, lembre-se: os homens só são imbecis com a mulher que permite. Então, não aceite comportamentos inaceitáveis e saiba a hora de pular fora, pois nenhum homem vale o preço alto da baixa autoestima, lágrimas e sensação de frustração que ao final você acaba sentindo quando se envolve com um homem imbecil.

O que é um homem imbecil: aquele que te tratou como o cocô do cachorro do ladrão. Não preciso dar exemplos, pois você já deve ter encontrado em sua vida pelo menos um assim.

Relaxe... Não transforme a busca em sofrimento

Encontrar alguém que nos complete é um sonho. Mas fazer disso algo que traz angústia e infelicidade, só porque ainda não encontramos a pessoa certa e estamos às voltas com as pessoas erradas, é destruir a própria vida.

Admiração

Você não ama alguém que não admira. Isso é um fato inegável. Então, pare para pensar se você causa admiração, em primeiro lugar, na pessoa mais especial do mundo, que é você mesma. Se você não se admira, como vai querer causar admiração nos outros? Então, admire-se, não se cobre tanto, tenha coragem de ousar, administre as rejeições e tenha uma vida admirável.

No mundo existem, sim, homens interessantes. Não, eles não foram extintos com os dinossauros. Vale a pena sua procura, pois você é uma mulher maravilhosa e merecedora de coisas boas, com muita vida pela frente. Viverá coisas boas, decepções, mas tudo fará parte de um grande aprendizado. Acorde para a vida, pois ela não vai te esperar!

E vale o recado: namorar é maravilhoso, porém felicidade não é sinônimo de cueca no varal! Tenha sua vida profissional, seus *hobbies*, sua família, amizades, metas e objetivos. Um grande amor será um complemento de tudo isso.

Quinta estação
Saudável

Independentemente de você ser gorda, magra, alta, baixa, procurar ter uma vida saudável é prioridade para qualquer mulher.

Sua saúde

Muitas pessoas confundem o fato de ser magro com ser saudável. Nem sempre as pessoas magras estão em boas condições de saúde, assim como nem todas as pessoas gordas estão em más condições.

Uma vida com saúde não está relacionada com os ponteiros de uma balança, mas sim com as atitudes que você toma a fim de obter uma vida o mais saudável possível.

Quando escrevi este livro, não foi com uma visão irresponsável, do tipo "não ligue para sua alimentação, destrua sua saúde comendo somente coisas ruins, prejudique seu corpo não fazendo exercícios e seja feliz!"

Muito pelo contrário! Quero que uma rotina saudável faça parte do seu dia a dia, não por causa da obsessão por emagrecer (já falamos sobre isto), mas com o pensamento de ser uma gordinha saudável, vitaminada e cheia de energia para curtir a vida com tudo o que ela tem de bom para oferecer.

Conheça agora dez passos que farão maravilhas para sua saúde e sua vida.

Durma

Uma vida saudável começa pelo sono. Faça do sono sua prioridade. Acredito que as chances de você não estar dormindo corretamente hoje chegam a 90%.

Amiga, isso tem que mudar. Mudando isso, muda seu humor, sua disposição e sua saúde em geral. Muda até seu sistema gastrointestinal, o funcionamento cardiovascular e ativa seu sistema imunológico. Quer mais?

Se você se sente exausta durante o dia, é porque não está administrando bem seu soninho, querida. Porém, esqueça essa história de drogas para dormir, porque, além de causar dependência, elas não vão solucionar o problema e ainda podem mascarar as causas. Isso sem falar nos efeitos colaterais.

Não existe uma maneira de identificar a quantidade exata de sono que cada pessoa precisa para estar bem. Procure descobrir quantas horas você precisa dormir para se sentir bem e disposta no dia seguinte, pois isso varia de pessoa para pessoa.

Faça do sono sua prioridade. Desligue-se de tudo que possa bloquear a vontade de dormir (TV, café, discussões, agitação, pensamentos), mantenha um quarto gostoso e sossegado e estabeleça uma rotina para que seu corpo se acostume a dormir de forma tranquila.

Sexo gostoso

O sexo faz bem pra saúde, sim. Não importa quantas vezes você faz sexo, se você está satisfeita com sua vida sexual você é mais saudável. O sexo aumenta os níveis de hormônios que fortificam os ossos e os músculos, protege contra doenças cardíacas, aumenta o fluxo sanguíneo, reduz o estresse, melhora o sono e além de tudo te enche de vitamina "T".

Que vitamina é essa? Vitamina de Ternura, amiga! Vitamina de Tesão! Quando fazemos sexo de uma maneira que nos sentimos vivas e amadas, quando alguém nos enche de carinhos, afagos, beijos e carícias. Uhuuuu! Não existe melhor vitamina no mundo.

Rir é o melhor remédio!

Bom, agora tenho certeza de que você está pensando: "Essa mulher é louca. Primeiro quer que eu durma, depois que eu faça sexo e, por fim, que caia na risada!". Querida, rir, sorrir, ter bom humor, levar a vida com mais leveza, não levar tudo muito a sério é tão importante para a saúde como uma boa noite de sono ou sexo.

Está provado cientificamente que o riso aumenta o fluxo de sangue, além de secretar substâncias químicas e outras que fazem bem ao nosso corpo.

Ciência à parte, uma pessoa que leva a vida com riso na alma é uma pessoa mais saudável.

Mas, e na hora dos problemas? Não são apenas os grandes problemas que acabam com a gente. Se acontecer uma invasão de *aliens* assassinos ou um grande ataque de zumbis canibais, realmente a coisa vai ficar preta. Mas os pequenos problemas também vão se acumulando e destruindo nossa capacidade de rir da vida e para a vida: dívidas, multas, trânsito, amores impossíveis, pessoas medíocres, enfim.

Então, arranje uma maneira de pensar que não vale a pena destruir momentos de seu dia por causa de problemas que fatalmente terão uma solução, ou não. Como diz Dalai Lama, se seu problema tem solução, para que se preocupar? Se seu problema não tem solução, para que se preocupar?

Tédio

Uma vida tediosa, na qual nada nos impulsiona, tudo é chato e rotineiro, cada dia é arrastado, duro e não vivido, é um caminho perfeito para acabar com sua saúde. As coisas não vão cair do céu de repente. Só no filme a mocinha está andando e de repente acontecem coisas incríveis. Mas você pode criar seu próprio enredo. Pense: "Se eu fosse morrer amanhã, o que gostaria de fazer?". Não é um pensamento mórbido. É um pensamento que te faz refletir quantas coisas você deixa para amanhã, deixa de lado ou fica esperando o momento certo.

Já disse que quem sabe faz a hora, não espera acontecer. Então, faça uma lista das coisas que você gostaria de realizar este ano e vá fazendo aos poucos. Não precisa ser nada grandioso, como visitar Paris, se você não tem um tostão furado. Comece com coisas pequenas, que têm o mesmo valor, ou mais, e que mesmo assim você está deixando passar. Por exemplo, dedicar mais tempo a seu filho, reservar um dia para estar a sós com o homem que ama, reservar aquele tempinho que você tanto quer para si mesma ou ainda experimentar um sabor novo de sorvete.

A nossa tendência é fazer sempre as mesmas coisas, do mesmo jeito. Mude, pois mudar é evoluir!

Médico existe

Visite seu médico, faça um *check-up*, fique de olho em sua saúde. Não deixe para amanhã cuidar da pessoa mais importante do mundo: você!

Alimentação saudável

De acordo com os doutores Frederic J. Vagnini e Dave Bunnell (os maiores especialistas no assunto, na minha opinião), os segredos de uma alimentação saudável são:

a) Adorar comer (viu por que eu gosto deles?).
b) Consumir fibras.
c) Saber distinguir os bons e os maus carboidratos.
d) Tomar o café da manhã bem certinho.
e) Beber muita água.
f) Fugir do açúcar.
g) Conhecer as gorduras e saber usá-las a seu favor.
h) Colorir seu prato.
i) Comer menos carne.
j) Comer mais peixe.
k) Aprender a comer menos.
l) Tomar suplementos vitamínicos.

Exercite-se

Ainda seguindo as orientações desses médicos, fica aqui o programa de exercícios que eu considero fantástico para qualquer pessoa.

a) Simplesmente comece a se exercitar.
b) Use sua imaginação se não tiver vontade de ir à academia: caminhar, por exemplo, é bem simples.
c) Faça isso diariamente.
d) Aprenda a ter consciência das calorias que consome.
e) Fortaleça seu coração.
f) Exercite-se com pesos.
g) Aqueça-se e relaxe.
h) Respeite seus limites.
i) Alongue-se sempre.
j) Crie sua própria rotina com algo que lhe agrade fazer.
k) Elimine toxinas pelo suor.

l) Não arranje desculpas.
m) Dance rumo à saúde.
n) Seja enérgica.
o) Mantenha seu cérebro em forma.

Obs.: você pode obter mais informações no livro dos autores, já lançado no Brasil com o título *Diminua sua idade*.

Mime-se muito

Mime-se, paparique-se, trate-se como se fosse uma grande estrela, sempre, sempre que puder.

Mexa-se

A qualquer tempo, você não só pode como deve começar uma atividade física rotineira!

Ser gorda não é sinônimo de ser mole, sem energia e sem ânimo. Manter alguma atividade como correr, nadar, dançar ou se exercitar fará maravilhas pelo seu bem-estar. É fantástica a sensação de se sentir viva, atuante, participante.

De quebra, além de lavar a alma, você fortifica músculos, aumenta a resistência do pulmão e do coração e melhora a flexibilidade e a coordenação motora. Quer mais? Todo o estresse do dia vai ficar embaixo do chuveiro quando terminar sua atividade física.

Talvez você se sinta constrangida ou diminuída ao pensar em entrar em uma academia ou coisa parecida e por isso fica adiando tudo. Mas as academias, mesmo que você não goste do ambiente, existem para isso. Logo ao entrar na academia, perceba ao seu redor pessoas felizes e saltitantes, cabelo lavado e cara de quem acabou de ter um orgasmo.

Você paga a matrícula e aí começa a faltar nas aulas na vã esperança de que só o pagamento te deixe também feliz, saltitante e com cara de orgasmo.

Troque a palavra adiamento pela palavra ATITUDE a partir de hoje! Veja algumas boas dicas que poderão ajudar. Antes de começar, procure seu médico e deixe que ele indique até onde ir para que suas atividades causem benefícios sem riscos para sua saúde.

a) **Escolha uma atividade da qual você goste**

Isso é primordial para que o exercício não se torne uma cadeira elétrica! Pode ser nadar, dançar, malhar ou praticar arvorismo, não importa. O importante é você gostar!

b) **Escolha algo que você possa fazer**

Não adianta escolher uma atividade na qual não possa progredir no seu próprio ritmo! Ao entrar para um time de basquete que já treina há anos, você acabará se sentindo inadequada e poderá desistir.

Vi um documentário uma vez de uma gordinha que escolheu simplesmente ir a pé de sua casa até a faculdade que frequentava. No começo, parava a cada dez minutos. Depois de alguns meses percorria o caminho sem dificuldade, se sentindo muito bem.

c) **Reflita se prefere se exercitar individualmente ou em grupo**

Se for pra ir à academia pra ficar com bronca daquele povo magrelinho, não vá! Mas se você não pensa nas outras pessoas com inveja e raiva, os exercícios em grupo são ótimos. Porém, se prefere se exercitar individualmente, também vai encontrar dezenas de opções.

Atividades como caminhada, natação, bicicleta, musculação, ginástica, dança (colocar um som pela casa e dançar é supergostoso!) são ótimas opções que você pode escolher entre praticar individualmente ou em grupo.

Na realidade, o ideal é fazer um pouco de cada coisa. Geralmente pelo medo da gozação, muitas gordas preferem se exercitar sozinhas! Tudo bem, mas não faça disso um motivo de isolamento completo. Um pouco de atividade em grupo vai ajudá-la a conhecer e interagir com pessoas, além do quê, variando as atividades, você evita o tédio.

d) **Se escolheu atividades em grupo na academia, não fique constrangida**

Bom, amiga, sei que nesse caso é mais fácil falar do que fazer! Muitas gordas evitam ser vistas por outras pessoas com roupa de ginástica e ainda por cima tentando acompanhar o ritmo da aula. Mas procure deixar essa sensação de lado. Não fique pensando que todo mundo está olhando e comentando sobre você. E se estiverem mesmo, problema deles, não seu! Procure se concentrar e curtir os exercícios.

Respire fundo e saiba que assim como todos ali, você tem o direito de se exercitar e se sentir bem consigo mesma, cuidando do seu corpo e da sua alma. Seu foco deverá ser você e seus objetivos, não as pessoas à sua volta.

Não fique comparando seu corpo com o das outras mulheres da academia. Toda mulher faz isso: a gorda olha a magra, que olha a malhada, que olha a supermalhada, que olha a miss fisiculturismo. Ao olhar e comparar, todas se sentem diminuídas, e a autoestima vai pelo ralo do vestiário!

Não faça isso! Você é uma pessoa única e abençoada por poder levantar de sua cama e se exercitar, quando muitas pessoas não mexem nem um dedo!

e) **Aqueça-se**

Sempre comece qualquer atividade com um aquecimento.

f) **Alongue-se**

Tudo bem! Você nem consegue enxergar os pés, quanto mais tocar a ponta deles. Mas alongamento não precisa ser sinônimo de contorcionismo. Do jeito que conseguir e seguindo orientações de profissionais, sempre que possível, alongue seu corpo. Uma boa espreguiçada já está valendo.

g) **Relaxe**

Reserve tempo para um bom e gostoso momento de relaxamento.

h) **Exercite-se**

Nem que seja por quinze minutos diários. Depois que começar, você vai adorar!

Sentimentos protegidos

Nossa saúde também depende dos nossos sentimentos. Proteja os seus!

Infelicidade pra quê?

A gordura tem um casamento longo com a infelicidade. Dessa união nascem os filhos: tristeza, frustração, dor, depressão, rejeição, mágoa, apatia, revolta, raiva e solidão. Quem faz esse casamento é VOCÊ!

Sim, você é uma mulher gorda; não que isso seja sinônimo de algo ruim. Mas quem escolhe com que sua aparência vai se casar é você!

Imagine o fardo que é (e sei que você não precisa imaginar nada!) associar sua aparência a uma infelicidade constante e profunda! Os resultados, você já conhece: uma vida profundamente triste e sem sentido. Divorcie-se JÁ!

Quando começar a pensar em sua aparência como algo negativo, dê uma ordem à sua mente imediatamente: STOP! E mude seus pensamentos.

Comece a pensar em tudo o que a faz feliz e no quanto seu corpo é privilegiado por tudo aquilo que é capaz de realizar. Lembre-se de que, ao pensar negativamente sobre si mesma, você paga um preço alto demais. Mude isso! Infelicidade pra quê?

Faça uma lista de todos os motivos que te trazem felicidade e foque e atenção neles! Se a sua lista for parecida com a minha ex-lista, será mais ou menos assim:

- Motivos da minha infelicidade: gordura.
- Motivos da minha felicidade: o sonho de ser magra um dia!

Perdi anos da minha vida com essa lista inútil! Talvez um dia eu seja magra, talvez não, mas isso não pode fazer a diferença em minha vida hoje, e muito menos ser o motivo de eu perseguir esse Santo Graal dia após dia e voltar pra casa frustrada, magoada e infeliz! Afinal, quem disse que as magras são felizes?

A felicidade não está na obesidade ou na magreza, mas na escolha do estilo de vida que a pessoa tem. Então, mude sua lista para:

- Motivos da minha infelicidade: minhas escolhas ruins.
- Motivos da minha felicidade: viver, quando muitas pessoas já perderam a vida; observar um dia de sol, quando muitas pessoas perderam a capacidade de enxergar e só têm escuridão à sua volta; caminhar, quando muitas pessoas estão

presas em camas apenas mexendo os dedos; abraçar quem eu amo, quando muitas pessoas perderam quem mais amavam; enxergar minha beleza a cada dia, quando muitas pessoas perderam todos os motivos para sequer abrir os olhos.

O resto da lista é seu. Ao terminá-la, leia em voz alta, com o coração aberto e a alma receptiva. Perceberá que tem muitos motivos para sorrir e mandar essa infelicidade pra bem longe!

Torço por você!

Você não nasceu para viver num casulo

Algumas mulheres gordas constroem um casulo enorme e fechado ao seu redor. Ficam confinadas, alimentando mágoas, remoendo frustrações e reclamando que o mundo não é um lugar feliz! Sair? Nem pensar! Isso é um grande erro!

Desse jeito, você afasta amigos, relacionamentos e oportunidades. Quem quer ficar perto de alguém que se fecha dentro de si mesma e não enxerga nada de bom à sua volta, a não ser motivos para ser infeliz?

Saia, encontre amizades, romances, novidades, enfim, encontre vida!

Solidão gorda!

Tem gente que diz que sereia existe, saci-pererê também, e dizem até ter visto ETs! Mas a pior e mais absurda de todas essas lendas é a que diz que "toda gorda está fadada a ficar só e infeliz, porque nenhum homem vai querer ficar com ela!"

Amiga, se você é do grupo que acredita nessa lenda, raciocina! Se fosse assim, não existiriam mulheres magras sozinhas.

Uma coisa é certa: nenhum homem vai querer ficar com uma mulher que não se gosta, chata, mal-humorada, carente, aderente e de mal com a vida!

Digo até mais, mesmo que você seja um amor de criatura, no mundo de hoje, onde as pessoas apostam menos nos relacionamentos, não está fácil pra ninguém (nem pra Xuxa, nem pra Luana, nem pra Débora, nem pra Gisele, nem pra mim, nem pra você) encontrar alguém com quem dividir a pia diariamente. Pra dividir o lençol por alguns tempos (ou horas, ou minutos), você acha um monte! Mas para assumir um relacionamento, aliança no dedo, bolo, buquê jogado pro alto, aí, amiga, tem que garimpar mais!

Mas acredito que quanto mais a agente aposta na vida, tem atividades e interesses diversos, vive e é feliz, maior a probabilidade de encontrar alguém que queira partilhar tudo isso.

Agora, se a mulher – gorda ou não – vive desesperada para encontrar alguém, é triste, de mal com a vida, o resultado é um só: virar "curva de rio" e só atrair "tranqueira"!

Então, querida, a solidão não precisa ser seu sobrenome: faça amizades, viva a sua vida de forma intensa e feliz, não fuja da possibilidade de se relacionar com alguém que valha a pena e, se não der certo, vire a página, faça a fila andar e continue acreditando no seu valor.

E por falar em valor, nada de ficar saindo a torto e a direito com qualquer um só pelo medo de ficar sozinha. Você não nasceu para ser *fast-food* nas mãos de ninguém. Muito menos *drive thru!* Você nasceu para ser valorizada, amada, desejada e querida. Pense nisso!

Rejeição

Você sabe o que é sofrer rejeição, não é? Todo mundo sabe, pois em algum momento da vida já passou por isso!

Então, quando acontecer, em vez de se abater e se achar a última criatura do universo, dando mais poder, valor e força a quem te rejeitou, respire fundo, pense no seu valor, na sua vida, e escolha não transformar o fato em trauma, tristeza e aborrecimento.

Alto-astral

Dizem que toda mulher gorda é sorridente e bem-humorada! Muitas na realidade são mesmo. Mas isso só é realmente bom quando a alegria vem de dentro do coração, traduzindo um bem-estar com a vida e consigo mesma.

Muitas dizem: eu sorrio, mas por dentro meu coração chora!

Essa alegria tem que vir de dentro do coração. Não adianta sorrir pra todo mundo se você não sorri para a pessoa mais importante do mundo: VOCÊ!

Mágoa de quê?

Magoar uma gorda é a coisa mais fácil do mundo. Basta um olhar atravessado, uma palavra mal colocada ou uma risada fora de hora.

A mulher gorda vive à flor da pele, apenas esperando o momento da próxima mágoa. E o pior: ela concentra toda a razão de ser magoada pelo mundo e pelas pessoas na gordura!

Se uma mulher magra leva um fora do namorado, ela se magoa e chora. Uma mulher gorda chora e se magoa em dobro, pois coloca toda a culpa na gordura.

Se uma magra é envolvida em alguma piada, ela se magoa. A gorda se magoa muito mais!

Pare e pense: muitas pessoas, muitos acontecimentos e muitas situações vão acabar te magoando, sendo você gorda, magra, alta, baixa, quadrada ou triangular! Ninguém escapa de ser magoado, de sofrer decepções, frustrações e tristezas.

Acredito que é uma forma até de analisarmos melhor um relacionamento afetivo, de amizade, profissional ou familiar. Quando a mágoa acontece de forma gratuita e recorrente, é um aviso para nos afastarmos daquela pessoa ou daquela situação.

Pense em mágoas como avisos para seu crescimento, para reflexão sobre uma situação com alguém ou alguma coisa e ainda como momentos passageiros de dor que acontecem na vida de todo mundo.

Não culpe a gordura, mesmo que declaradamente a mágoa seja causada por alguém ou algum fato relacionado a isso. É Deus avisando: afaste-se dessa pessoa ou desse lugar, porque não merecem você!

A inveja mata!

Se você for chata, suas amigas perdoam.

Se você for brava, suas amigas perdoam.
Se você for egoísta, suas amigas perdoam.
Agora, experimente ser magra e linda!

Mais uma...

Senhor, se não podes fazer com que eu emagreça, faz engordar todas as minhas amigas. Amém!

Li isso na internet e parei para pensar na inveja. Muitas, mas muitas mulheres gordas passam a vida invejando as magras. Conheci uma vez uma gordinha tão amarga com isso que se tornou uma pessoa cruel. Você não deve invejar uma mulher porque ela é magra, deve, sim, almejar ter uma vida feliz.

Tenho um bom exemplo disso na minha secretária Jane (falamos dela no começo do livro). Ela é uma gordinha tão de bem com a vida, tão resolvida que o que acontece é justamente o contrário: muitas magras a invejam.

Em uma festa, ela sempre entra ou sai acompanhada. Está sempre de bom humor. Se cuida, se arruma e não dá bola para a opinião alheia. Cuida da sua carreira e não depende da opinião de ninguém para ser feliz.

Mesmo quando alguém tenta colocá-la "pra baixo", ela não deixa. Um dia em uma festa, quando ela chegou toda linda e cumprimentando todos, uma moça cheia de inveja disse a ela: "Jane, por que você é tão gorda?".

Pergunta cruel, fora de hora e sem propósito, feita com o único intuito de atingir minha amiga. Todo mundo na festa parou e ficou olhando as duas. A moça já antegozava uma possível sessão de humilhação que Jane iria passar, pois imaginava que minha amiga iria pedir desculpas chorosa e se retirar da festa.

Porém, nós escrevemos a história de nossa vida. Jane escreve a história da vida dela. Jane sorriu, fez uma pose bem sensual e provocativa e respondeu em alto e bom som: "Querida, eu sou gorda porque resolvi 'ampliar para melhor servir'". Ao dizer isso, deu uma piscadela para o rapaz que a moça invejosa estava paquerando.

Todos riram, a moça ficou sem graça, Jane curtiu muito a festa e ao final saiu acompanhada de quem? Se disse do rapaz que recebeu a piscadela, acertou em cheio. A outra moça? Não sei, porque dali a alguns minutos não foi mais vista na festa.

Amiga, a vida é uma festa, viva intensamente amando tudo que Deus te deu. Em vez de olhar a vida e o corpo de outra mulher, olhe e cuide da sua vida, do seu corpo e do seu mundo.

O melhor é ser feliz!

Um dia sua vida acabará! Se hoje chegasse a notícia de que você tem uma hora de vida, o quanto você daria para ter mais tempo?

Então, não perca seu tempo achando que tem mil anos para parar de se autodepreciar por causa da sua gordura e começar a ser feliz!

Não desperdice sua vida, esperando o dia em que "for magra" para a felicidade chegar como brinde!

A partir de hoje, comemore cada dia como um presente e alimente sua alma com pensamentos que te tragam muita felicidade hoje! Amanhã pode ser tarde demais!

Você pode! Você consegue!

Gordaaaaaa!

Quero falar de novo, de novo e de novo sobre este assunto: ninguém gosta de ser chamado de gordo ou mesmo gordinho. Mas aceitar esta palavra como parte de seu cotidiano e deixar de se importar com isso é um dos passos importantes para uma vida mais feliz.

Pense bem: não há outro nome na língua portuguesa para designar uma mulher mais cheinha. Cada língua tem uma palavra, e no Brasil é gorda na língua do povo e obesa nas rodas mais cultas.

Você já percebeu que todo mundo é chamado de algo? O povo fala!

Forma mais culta	**Forma popular**
Magra	Magrela
Deficiente auditivo	Surdinho

Deficiente visual	Ceguinho
Homossexual	Veadinho

E a lista não teria fim. Então, pra tudo tem que ter um nome, e o nome que designa o formato de seu corpo é gorda, pronto! Aceite numa boa.

Eu pergunto: *Por que você se ofende e se importa tanto?*
Resposta: *Porque considero um insulto!*
Eu pergunto de novo: *Mas você não é gorda?*
Resposta: *Sim!*
Eu pergunto: *Então por que é um insulto, se a palavra define apenas seu físico?*

Deixe de permitir que essa palavra fira seus ouvidos como farpas. Não há nada de mau nesse nome. O problema é como algumas pessoas falam e como você recebe.

– Você é gorda!
– Sou, sim, qual o problema?
– Você é gorda!
– Só agora que te contaram? Acho que você está precisando de óculos!
– Você é gorda!
– Jura? Mas como é que você reparou? Você deve ser uma pessoa muito inteligente para perceber que eu sou gorda, né?

Amiga, decida que a partir de hoje essa palavra não vai mais te machucar, porque ela simplesmente define a pessoa maravilhosa e única que você é!

Remédios

Conheci muitas mulheres que se prejudicaram, e muito, tomando remédios para emagrecer a torto e a direito, sem orientação nem receita médica.

Se você é uma delas, saiba que muitas pessoas famosas e não famosas morreram por causa disso. Se deseja mesmo fazer isso, ao menos procure orientação médica. Para seu conhecimento, muitos desses remédios causam dependência e até os ditos naturais, quando usados sem supervisão, escondem perigos em suas fórmulas. Sua saúde é seu bem mais precioso.

Leia a bula antes de usar

MAGROLEXAQUALQUERCUSTOL

***Apresentação**

Comprimidos revestidos de alfafa
Caixa com 500 unidades – dose única

***Uso**

Pessoas adultas com QI abaixo de 50 ou que decididamente não gostam de si mesmas e decidiram dar um fim à vida de forma elegante.

***Composição**

Talco, Burrozol, Anorexiol, Bulimiol, Silicone, vontade de dar cabo à própria vida, pólvora, cola de sapato, pólen, ovos mexidos, molho inglês, coração de galinha magra, bexiga de aniversário vazia, óleo diesel, fragmentos de pneus, corante, acidulante e uma pitada de canela para dar sabor.

***Informações ao paciente**

É indicado como coadjuvante no tratamento de obesidade acompanhada de burrice.

Não tome. Se sentir vontade irresistível, peça para amarrarem você em uma cadeira com algemas.

Este medicamento deve ser armazenado em temperatura entre 40°C e 50°C, ao abrigo da luz, de preferência embaixo da axila do paciente.

***Administração**

De preferência por via oral com o consentimento do paciente ou via retal, sem o consentimento do paciente.

***Interrupção do tratamento**

Não interrompa nunca, mesmo quando o médico pedir, pois é um tratamento para o resto da vida.

***Precauções**

Não dirigir carros dormindo, após a ingestão do medicamento. Não comer mandioca nem milho em hipótese nenhuma. Não ingerir também: carnes, pães, cereais, vegetais e nenhuma outra espécie de alimento sólido ou líquido (exceto água), para que os efeitos emagrecedores desta fórmula tenham total eficácia.

***Interações medicamentosas**

Deverá ser ingerido 3 vezes ao dia, juntamente com 3 garrafas de uísque.

***Efeitos colaterais**

Ocasionalmente pode provocar: palpitação, náusea, tontura, falta de ar e dor de cabeça. Os homens poderão sentir dores ao terminar de urinar, principalmente se na hora de sacudir o pênis o mesmo bater contra o azulejo da parede.

Poderão ocorrer alterações intestinais seguidas de evacuações a cada 2 minutos. Se isso ocorrer, chame qualquer pessoa que conseguir se aproximar de você.

Se seu cabelo, durante a medicação, começar a soltar fumaça ou fogo, afaste-se imediatamente de qualquer área habitada.

Se perceber reações como o crescimento incontrolável de pelos no corpo, inclusive mãos e sola dos pés, acompanhado de uma incrível vontade de saltar de um prédio, chame imediatamente o *Guinness Book of Records*.

Perceberá também a ausência de apetite e uma vontade enorme de usar turbante na cabeça e deitar em uma cama de pregos.

Normalmente sentirá um impulso irresistível de xingar seu médico de FDP!

Esta droga também pode eventualmente ocasionar visões de um disco voador aterrissando no terreno de sua casa. Caso isso ocorra, divulgue na mídia como verdadeiro, transforme sua casa em uma lojinha de suvenires e venda camisetas.

Somente durante o ato sexual, os pacientes masculinos poderão sentir impotência e as mulheres uma irresistível vontade de cantar "Babalu" em grego.

Se sentir tudo isso, não precisa chamar o médico, porém é recomendado que triplique a dosagem da medicação.

***Alerta**

Caso o medicamento fique preso na garganta, peça para um amigo tapar seu nariz enquanto você se joga de barriga no solo. O impacto fará com que o medicamento desça suavemente pela garganta até o estômago ou se aloje rapidamente no cérebro.

***Contraindicações**

É contraindicado para pacientes que não gostam de tomar remédios.

***Precauções**

O medicamento pode diminuir a habilidade motora do paciente, a ponto de ele não conseguir mexer um dedo em uma cama. Os componentes da fórmula também podem ocasionar uma maior incidência de infecções microbianas e fungos espalhados pelo corpo do paciente e pelo quarto. Após os fungos, aparece grama e em seguida flores. O paciente então não terá mais problemas de se esconder das pessoas e mudará seu nome para sr. ou sra. Buquê! Poderá então iniciar uma lucrativa atividade de enfeitar festas, casamentos, eventos ou bodas.

***Superdosagem**

Pode ocorrer intoxicação aguda. Neste caso, procure a cor e o tamanho mais apropriados para seu próximo local de descanso na funerária mais próxima.

VENDA SOB PRESCRIÇÃO MÉDICA.
TODO MEDICAMENTO DEVERÁ SER MANTIDO LONGE DO ALCANCE DE CRIANÇAS – NO CASO DESTE, DE ADULTOS TAMBÉM.

Sexta estação
Praia

Ir à praia não deve ser um pesadelo. O mar, o sol, a areia e um dia maravilhoso nunca devem ser desperdiçados. Aproveite o máximo que puder, e não será seu corpo que vai te impedir!

Não se esconda!

– Benhê, passa bronzeador nas minhas costas!

Eu estava deitada, tomando sol na praia e observando um casal. Ele prontamente atendeu ao pedido da mulher e passou aquele protetor nas costas dela, como se estivesse lidando com uma deusa. O tempo todo ele ficava à sua volta, tentando perceber e atender as mínimas vontades dela.

Ela? Deitada, de biquíni, parecendo realmente uma rainha e emanando um magnetismo tão sensual que não tinha quem não olhasse. Diga-se de passagem, ela era uma mulher bem gorda, com celulite e tudo o mais, mas que não estava dando a mínima bola pra nada disso.

Estava curtindo um dia de sol com seu amado, com direito a muitos beijos, brincar na água e ter um homem a seus pés o tempo todo. Nunca esqueci disso.

Na época, não se viam muitas mulheres gordas de biquíni na praia. Elas se escondiam embaixo de quilômetros de canga, vestidões, chapéus, toalhas, às vezes parecendo uma banca de camelô.

Hoje, os tempos mudaram e os preconceitos também! Melhor assim!

Hoje não é mais privilégio das magrinhas usar biquíni. Ao olhar na praia você vê muitas mulheres gordinhas de biquíni, se divertindo muito. Cadê você? Elas descobriram que a vida é curta demais para ficar o tempo todo se escondendo dentro de uma canga.

E com a diversidade de modelos disponíveis hoje em dia, as criações vestem bem as magrinhas, baixinhas, cheinhas, busto pequeno, busto grande. Enfim, cada mulher encontra o que lhe cai bem.

Parabéns para a mulher bem resolvida, gordinha ou não, que curte a praia e se sente bem consigo mesma e com a vida.

E você, o que está esperando para perceber que o sol, a praia, o mar, a areia e um dia lindo te esperam de braços abertos?

Sexta estação
Absoluta!

Superabusada

– *Nossa, como você é abusada!!!*

Ouço muito isso. Mas descobri que, no meu caso, ser abusada é simplesmente sinônimo de ser feliz; de não deixar a vida escorrer entre os dedos. E posso dizer que é ótimo!

A causa da infelicidade da maioria das mulheres obesas é acreditar na história de que só quem é magra é saudável, sexy, bem-sucedida, atraente e feliz!

As expectativas sobre magreza da indústria da moda, das revistas, das clínicas de estética, da medicina e de todos à nossa volta se transformam também nas NOSSAS expectativas!

A sociedade apoia essa história, transmitindo uma enxurrada de mensagens de que só existe vida feliz e plena no "vale das bonecas magras".

Todos parabenizam quem emagrece e falam de quem engorda como se a pessoa tivesse contraído uma doença!

Diante de tudo isso, você não pode abaixar sua cabeça e virar vaquinha de presépio.

O melhor é convocar a Superabusada! Pare de chorar pelos cantos e descubra a Superabusada que existe dentro de você.

A Superabusada é aquela heroína que grita, luta e não se conforma em aceitar a ideia de que merece uma vida infeliz só porque é gorda!

– *Eu? Supermulher?*

SIM! Mais do que súper, mais do que maravilha, mais do que incrível! Dentro de você existe a Superabusada! E você pode invocá-la todas as vezes que desejar!

Para isso, deverá desenvolver treze atitudes abusadas, que serão seus superpoderes. Veja quais são:

Atitudes superabusadas

1. **Deixar de ser especialista em dietas**

A cada dia é lançada uma nova dieta, um novo conceito sobre alimentação (o que era péssimo ontem, hoje pode ser bom, e amanhã, quem sabe?) ou um novo programa infalível para emagrecer!

Enquanto os especialistas andam às voltas com todas essas informações, você se perde numa confusão de orientação desencontradas, como:

– *A melhor dieta é a da sopa.*
– *Não, a melhor é a da Lua.*
– *Tire carboidratos!*
– *Acrescente carboidratos!*
– *Dr. Atkins morreu obeso!*
– *A última novidade é a dieta de Beverly Hills.*
– *Mas não era a dieta de Holywood que era boa?*

Ufa! Pare! Chame a Superabusada e decida dar um basta nessa mania de dietas!

Existem milhares de pessoas gordas que já fizeram centenas de dietas, fazem exames médicos regulares, se alimentam de maneira saudável, praticam exercícios, estão de bem com a vida e... continuam gordas! Então, a única verdade nessa história é a sua verdade!

Decida escolher um estilo de vida que lhe faça bem, dentro dos conceitos básicos que servem para toda a humanidade e dentro do qual os especialistas são unânimes:

- alimentação saudável e balanceada;
- sono;
- exercícios;
- paz de espírito;
- alto-astral!

Faça essa escolha pelo seu bem-estar pura e simplesmente, aprenda a ouvir e sentir o que seu corpo pede, procure ser uma pessoa bem informada a respeito do melhor para sua saúde e desfrute a vida da melhor maneira possível.

É fácil entender por que as pessoas de dieta têm baixa autoestima, quando, de acordo com as pesquisas, as dietas fracassam em 95% dos casos. E muitas mulheres gordas são viciadas em dietas. Suas vidas se resumem em duas fases: quando estão de dieta e quando não estão.

Essa angústia de resultados, os efeitos sanfona, a aprovação e desaprovação de todos, de acordo com os resultados da balança, com certeza transformam a vida da mulher gorda viciada em dietas em algo triste. Fazer uma dieta uma vez ou outra, para dar uma equilibrada no organismo, não é ruim. O perigo é o vício, deixar a vida girar em torno disso.

Para essas mulheres que só respiram nos períodos "a.d." e "d.d." (antes da dieta e depois da dieta), eu digo: pare! Repito: alimente-se de maneira saudável (sem dietas), e procure viver sua vida, focando sua atenção em todas as coisas que tornam sua vida mais feliz. E com certeza ficar na angústia das dietas não é uma delas.

A dieta coloca sua vida em compasso de espera. E eu te digo que a vida é curta demais para deixá-la numa espécie de limbo, esperando alguma coisa.

Escolha passar o seu tempo vivendo, amando e sendo feliz. Você não sabe quanto tempo de vida lhe resta. Ninguém sabe. Então, escolha passar esse tempo vivendo no agora!

2. **Derrubar estereótipos**

Quando uma mulher gorda passa, automaticamente vira motivo de piada para algumas pessoas, ou é vista como alguém incapaz, inútil e infeliz! Parece que ser gordo é ser mole, feio e idiota! Para derrotar isso, nada melhor do que ser Superabusada!

Quando alguém de alguma forma estiver te passando "atestado de incompetência" por causa da gordura, em vez de abaixar a cabeça, incorpore a heroína, ou seja: não aceite!

Essa atitude abusada faz com que as pessoas recuem e nos enxerguem com mais respeito ou de maneira mais positiva!

Desafiando os estereótipos, nós anunciamos que não somos incapazes. Somos apenas diferentes das mulheres que são capas da *Vogue!* E, pensando bem, quem não é?

> Desafiando os estereótipos com atitudes, descobrimos o mais importante de todos os segredos: nós, mulheres gordas, podemos fazer tudo que pretendemos fazer e ser tudo que queremos ser! Basta tentar!
> Cheri K. Erdman

3. **Desafiar o cotidiano**

O cotidiano teima em colocar o gordo sentado em uma cadeira à margem da vida. Em vez de se conformar com a mensagem "Vocês gordos não conseguem fazer as coisas!", chame a Superabusada que há em você e diga: "Não consigo? Pois fique só olhando!".

E, a partir daí, viva sua vida, sem medo de ser feliz. Quer ideias práticas? Vamos lá!

- Não tenha vergonha de ir a lugares públicos por causa de sua gordura. Ao entrar, entre como uma rainha!
- Coma o que sente vontade em público, sem se importar com a opinião dos outros. Você nunca vai agradar mesmo! Então, agrade a si própria!
- Demonstre de forma clara, direta e objetiva que não aceita discriminação, ironia ou desprezo sobre o fato de ser gorda.
- Aprenda a rir de si mesma!
- Recuse conversar sobre seu peso ou dietas quando todos à sua volta focarem a conversa apenas nisso. Diga que seu peso é assunto seu e mude o rumo da conversa!
- Em restaurantes, peça uma cadeira que te acomode de maneira confortável. Se não tiver uma cadeira assim, eu te digo que esse restaurante não serve para você. Procure outro!
- Use maiôs, biquínis, bermudas e shorts no verão e curta a praia como todo mundo!
- Visite a piscina do prédio ou clube, pois também é direito seu!
- Se a magrelinha *fashion* do shopping barrar sua entrada na loja, dizendo que não tem o seu tamanho antes mesmo de você perguntar qualquer coisa, sorria e responda: "Meu bem, vou descobrir isso por mim mesma, e se você não está habilitada para atender uma mulher gorda, chame alguém que esteja!".
- Entre na academia, dance, nade e aproveite tudo como só uma Superabusada sabe fazer!
- Saia para dançar e divirta-se muuuuuuito!
- Caminhe pela praia, pelo campo e reflita como seria horrível se tudo fosse igual ou da mesma cor. As diferenças são

importantes para completar e embelezar o mundo. Você tem a sua beleza: não se esqueça disso!

- Acrescente outras atitudes de desafio em sua lista, mas não se acomode. A sociedade só mudará quando você começar a reivindicar seu direito de ser bem tratada. E no final das contas você não estará simplesmente desafiando o cotidiano: você estará VIVENDO!

4. **Jogar a balança no lixo**

Já falamos sobre isso na nossa Segunda Estação – Viva sua Beleza, no tópico "A Balança". Volte a ele, releia com atenção e acabe de vez com essa mania de ficar se pesando e se torturando o tempo todo. Pare de sofrer.

Se esse hábito já se tornou um vício e você não consegue parar de uma vez, pare gradualmente, isto é, não se pese todo dia. Verifique seu peso uma vez por semana, passe para uma vez por mês e depois esqueça. Viva tranquila com as oscilações que seu corpo apresentar, sem se martirizar por isso. Liberte-se!

5. **Saber se olhar no espelho**

O espelho reflete o que sentimos a respeito de nossa aparência. Se você se acha linda, o espelho vai refletir isso! Se você se acha horrorosa, é isso que verá ao se olhar no espelho!

Veja estas duas situações:

a) **A Bela**

Você acorda, se pesa e percebe que emagreceu dois quilos. Fica eufórica, feliz, de bem com a vida. Ao se olhar no espelho, sente-se "A GORDA MARAVILHOSA". Veste uma roupa bonita, capricha no visual e sai de alto-astral. Percebe que todas as pessoas te olham de forma receptiva e cordial!

Não dá a mínima para as gozações daquela colega chata do trabalho, pois hoje se sente poderosa. Responde as gozações à altura, e a mala sem alça acaba ficando quietinha.

Ainda no trabalho, resolve expor ao seu chefe aquele projeto que estava guardado na gaveta há tempos e, para seu espanto e alegria, ele te ouve com atenção.
Na volta para casa, até se permite flertar com o rapaz simpático, que todos os dias senta ao seu lado no metrô e te olha com olhar de "queroteconhecer". Dorme tranquila, em paz e vitoriosa, não sem antes dar mais uma olhadinha feliz no espelho!

b) **A Fera**
Na semana seguinte, você percebe que a balança acusa um quilo a mais. Você se olha no espelho se sentindo "A GORDA HORROROSA"!
Veste qualquer coisa, sai mal-humorada, fica arrasada com as ironias da chata de galocha e nem pensa em conversar com seu chefe. Na volta para casa, nem olha para os lados e vai dormir deprê, nem pensando em passar pelo espelho!

Raciocine, mulher! Percebeu que na verdade a aparência do seu corpo não mudou? O que mudou foi a forma como você resolveu encará-lo:

a) Como algo belo, poderoso e sedutor!
b) Como algo ruim, horroroso e medíocre!

Então, tenha a partir de hoje a atitude abusada de saber se olhar no espelho e ver refletida a mulher maravilhosa que você é, independentemente da balança!

Essa percepção leva tempo. Mas não desista! Tenha uma vitória por dia diante do espelho e ele deixará de ser seu inimigo!

6. **Fazer as pazes com a comida**

Desde cedo, a mulher obesa assimila a mensagem de que a comida é um inimigo, a causa da desgraça, seu maior vício e sua maior tragédia. Ela é a vilã, a Odete Roitman, a Lucrécia Bórgia, a Bin Laden feminina de sua vida de gorda!

Se este é seu caso, eu te digo: é hora de fazer as pazes com a comida! Entender que o certo não é passar fome, ficar mal, passar vontade, ficar irritada ou comer compulsivamente e depois se sentir culpada!

Desse jeito, você logo vai trocar o médico de dieta pelo médico de cabeça e tudo vai piorar!

Vamos refletir sobre o seguinte:

a) Dizem que as pessoas são gordas porque comem muito. Quantas pessoas magras você conhece que comem muito e não engordam, e pessoas gordas que quase não comem e engordam a cada dia? Então, o problema não é a comida, mas o metabolismo de cada um!
b) Enxergue a comida como um alimento gostoso que você ingere quando está com fome e pronto! Não enxergue a comida como fonte de satisfação e alívio de seus anseios, tristezas e insatisfações.
c) Livre-se da culpa de apreciar o prazer de um bom prato, de apreciar algo gostoso, que tenha vontade de comer.
d) Sua vida não pode girar em torno de um único assunto: o que comer e o que não comer!
e) Procure descobrir com o seu médico quais os alimentos mais saudáveis para seu corpo. Não no sentido de emagrecimento, mas no sentido de ter mais saúde, vigor e disposição. Geralmente o que é recomendado a todos é ingerir frutas, verduras, legumes, cereais, carnes magras, pouco sal e doces com moderação.

Vá em frente! Coloque tudo isso em prática, faça as pazes com a comida e seja feliz.

7. **Saber agir contra o preconceito e a discriminação**

Todas as pessoas do mundo, em algum momento da vida, são alvos de preconceito e discriminação. Com as pessoas gordas não é diferente. Parece que os gordos são colocados em uma tribo à margem da sociedade. Uma tribo que não é aceita, que é ridicularizada e tida como incapaz.

A mulher gorda nem de longe é incapaz! Mas você é a primeira que tem que acreditar nisso. Existem muitas tribos, aliás creio que cada pessoa pertence a uma tribo e todas as tribos interagem umas com as outras. Já ouviu falar em patricinhas, metaleiros, barbies, gordas, tribo que usa óculos, tribo *gay*, e por aí vai?

Você tem uma tribo, mas isso não é sinônimo de vida infeliz. Você escolhe: tribo de pessoas de bem com a vida, alto-astral, vitaminadas ou tribo de pessoas depressivas, mal-humoradas e de mal com a vida. Se você pensou que eu iria falar "tribo de pessoas gordas", está enganada. Não é disso que é formada a tribo que você escolhe pertencer. Entenda, não é a gordura em si, mas suas escolhas e suas atitudes.

Então, não permita que o preconceito e a discriminação atinjam você. Lute contra isso, faça o que puder! Mas não se cale nem abaixe a cabeça diante de alguém que deseja te transformar em algo excluído, insignificante e ruim. Chame a Superabusada que há dentro de você, levante seu queixo, enfrente a situação e dê a volta por cima!

8. **Ocupar-se!**

Ocupe sua vida com atividades que a cada dia a façam se sentir melhor consigo mesma.

Torne-se atuante em coisas que não estejam ligadas à obsessão com o corpo, descubra atividades que a façam se sentir viva, feliz, criativa e de bem com a vida.

9. **Fazer e acontecer, para que a vida seja plena!**

Não deixe para amanhã tudo aquilo que você pode fazer hoje! Frase batida, que todo mundo conhece de cor, mas poucas pessoas aplicam.

Aplique hoje, faça hoje, realize todos os seus sonhos. Tem vontade de aprender a pilotar avião, dançar, escalar montanha?

Faça! A gordura não vai te impedir de nada, a menos que você acredite nisso.

10. **Aceitar-se**

O maior desafio de uma mulher gorda é aceitar-se. Não apenas pela imagem ideal imposta pela sociedade incutida em seu cérebro desde o nascimento, mas também porque parece que as pessoas pensam mais no peso dela do que ela própria.

Seu corpo é assunto seu e ponto final.

Você vai ao médico por causa de uma irritação na pele, e lá está ele te prescrevendo uma dieta. Você vai ao cabeleireiro e de repente, sem que peça, alguém está te passando uma dieta. Sua tia cheia de boas intenções traz o último livro, lançamento da mais nova dieta da moda. Sua mãe não se cansa de dizer que "você deveria perder peso"! Ufa, poderia ficar citando exemplos por horas.

Mas o grande barato é se aceitar: procurar um médico que entenda que seu corpo é assunto seu, dizer para sua família: "Gente, o único assunto de vocês é meu peso? Dá pra mudar de assunto ou eu vou ter que mudar de lugar?".

Sem ser grossa ou mal-educada, mas apenas impondo um limite.

Junto com essa determinação, vem uma sensação gostosa de liberdade, independência e infinito bem-estar. Liberdade significa poder decidir sua vida independentemente da opinião dos outros! Pense nisso! Conquiste sua liberdade! Aceite-se linda e maravilhosa como é!

11. **Libertar-se**

Não deixe nunca mais que as pessoas imponham a você como deve ser sua vida! Ter limites bem definidos é o primeiro passo para nos respeitarmos e fazer com que os outros nos respeitem também. Liberte-se! Ser gorda não é o problema, mas suas atitudes com relação à vida, sim! Então, jogue no lixo agora toda a autodepreciação, tristeza e mágoa, tenha atitudes positivas e comece a ser realmente feliz.

Liberte-se também do sentimento de ofensa quando alguém te chamar de gorda! Gorda é apenas um modo que as pessoas têm de se referir ao seu tipo físico, e não deixa de ser uma verdade! Então, não deixe mais seus ouvidos escutarem isso como uma ofensa, mesmo que a pessoa que falou tenha tido essa intenção. Da próxima vez que lhe disserem isso, você simplesmente vai pensar: "Sou gorda, e daí? Qual é o problema?".

12. **Escolher ser feliz!**

Você pode ter uma vida feliz, tranquila e em paz consigo mesma e com o mundo à sua volta se essa for a sua escolha. Já falamos sobre isso uma centena de vezes neste livro. Trata-se de uma escolha. Então, deixe aflorar a SUPERABUSADA que há em você e escolha ser SUPERFELIZ!

Oitava estação
Se as fadas fossem gordas

Você não pode mudar o mundo, mas pode mudar o seu mundo! Escolha a melhor maneira de viver, não deixe pessoas que não merecem um olhar seu destruírem a sua paz e viva plena e amplamente a sua vida, porque ela é única!

Quem disse que as fadas não eram gordas, que a Mulher-Gato não era gorda e que as princesas da Disney também não eram? Cada pessoa imagina e cria seu mundo à sua maneira!

Aprenda que tudo que você pensa sobre si mesma se torna a mais pura verdade, não só para você como para todos à sua volta.

Cada pensamento que você tem HOJE constrói o seu dia de AMANHÃ. Esses pensamentos vão gerar todas as suas experiências de vida. Se serão boas ou más, vai depender do que você ESCOLHEU pensar.

Muitas vezes criamos situações desagradáveis para nós mesmas, e ao final culpamos os outros, o corpo ou o mundo pela nossa frustração. Porém, quando criamos em nossa mente amor, paz, aceitação, beleza e harmonia, encontramos tudo isso em nossa vida.

Qual o pensamento mais frequente em sua mente hoje?

a) Sou gorda, e por causa disso sou feia, ninguém me ama e sou infeliz.

ou

b) Sou gorda, sou linda, amorosa, digna de amor e sou feliz.

Observe que cada pensamento criará situações diferentes em sua vida. Sabendo disso, por que escolher pensar que é gorda e infeliz? Em vez disso, pense: "Sou gorda e feliz".

Procure se manter firme nas afirmações positivas, repetindo-as todos os dias, e logo elas se tornarão a mais pura verdade para você e para as pessoas que te cercam.

É como um treino! Então, para que treinar para ser depressiva, se a escolha É SUA?

Saiba que tudo começa em sua mente, em seus pensamentos. E pensamentos podem ser modificados. A fórmula é simples:

> Pensamentos ruins > emoções ruins > vida medíocre e infeliz
> Pensamentos bons > emoções boas > vida abundante e feliz

Existe uma grande diferença entre o dia daquela mulher que acorda dizendo a si mesma "Estou um lixo, o dia será uma droga" e o daquela que diz "Sou linda, o dia será maravilhoso!".

Parece piegas, tipo atitude de Poliana, mas acredite em mim: funciona! E, cá entre nós, prefiro ser piegas a ser infeliz!

Se não acredita em mim, ao menos tente. Mas tente de coração, e não para testar se eu estou errada. Não importa há quanto tempo você se deprecia. Todo o nosso poder não está no passado (que já acabou), nem no futuro (que ainda não chegou). Nosso poder de transformação de vida está no momento PRESENTE!

Aprenda que tudo que você pensa sobre você se torna a mais pura verdade!

É maravilhoso, minha amada, compreender que você pode se libertar de padrões negativos AGORA, jogar tudo no lixo, modificá-los e passar a viver melhor!

Olhe no espelho e comece a ter pensamentos de crescimento sobre seu corpo, você, sua vida. E não pensamentos de destruição.

Para saber se você me entendeu bem, vá até o espelho e diga em alto e bom som o que vê refletido nele!

Se ainda não enxergar nada de bom, faça um favor a si mesma e continue tentando.

Se passou a se enxergar diferente, como uma pessoa única, linda; se passou a enxergar sua vida diferente, como um milagre que faz a cada dia termos centenas de oportunidades para ser feliz, pode apostar que minha alma neste momento bate palmas e se alegra por você, pois eu sei o que isso vai significar em termos de qualidade em sua vida.

Como eu sei? Porque eu também um dia resolvi mudar!

De gorda depressiva, reclamona, infeliz e que colocava a culpa na gordura, em tudo e em todos, mudei para gorda feliz, agradecida pela vida.

Você não poderá mudar o mundo, mas poderá mudar seus pensamentos e atitudes diante das situações que o mundo lhe apresentar (para melhor ou para pior). Então mude para melhor!

- Aprenda que, por pior que seja um problema ou uma situação, sempre existe uma saída.
- Aprenda que é bobagem fugir das dificuldades. Mais cedo ou mais tarde, será preciso tirar as pedras do caminho, para conseguir avançar.
- Aprenda a amar a si mesma.
- Aprenda que dentro de você existe uma grande amiga e uma grande inimiga. Que a mais forte é aquela que a gente alimenta.
- Aprenda que perdemos muito tempo na vida nos preocupando e perdendo o sono por coisas que muitas vezes só acontecem e só existem em nossa mente.
- Aprenda que não vale a pena se tornar indiferente ao mundo e às pessoas.
- Aprenda que não vale a pena fazer coisas para conquistar migalhas de atenção e restos de afeição.
- Aprenda que não importa em quantos pedaços seu coração já foi partido. Sempre é tempo de um recomeço.
- Aprenda que, em vez de ficar esperando alguém te trazer flores, o melhor é plantar um jardim.
- Aprenda que amar não é transferir aos outros a responsabilidade de te fazer feliz. Cabe a você a tarefa de apostar em seus talentos e realizar seus sonhos.
- Aprenda que as pessoas escolhem sempre as atitudes que tomam diante da vida. E que são essas atitudes que irão determinar uma vida feliz ou não.
- Aprenda que Deus te deu qualidades únicas. Em vez de ficar pensando em tudo que você não tem, pense nas bênçãos que você tem e faça o melhor que puder por sua vida e felicidade.

  Aprenda a viver um dia de cada vez. Não queira ser magra amanhã. Queira ser feliz hoje!
- Aprenda que o tempo é muito precioso e não volta atrás, não

adianta remoer o passado. Encare hoje como o primeiro dia do resto de sua vida e escolha ser feliz.

- Aprenda a não perder tempo com pessoas que não valem a pena.
- Aprenda que vida feliz não é algo que você vai encontrar na magreza, na riqueza, na gordura, na idade, nos bens. É algo que vive dentro de você e fica esperando o momento de brilhar. A menos que sua escuridão seja maior.
- Aprenda que vida feliz é uma escolha!
- Aprenda a descruzar os braços, vencer o medo de tentar mudanças.
- Aprenda que a vida tem valor, e você tem valor diante da vida!
- Aprenda que você é a mais bela das criaturas, porque foi criada por Deus. Esse Deus maravilhoso, que sonhou com você e criou em você sua obra-prima. E, apesar de muitas vezes você se enxergar como "uma porcaria", lembre-se: Deus não faz porcaria! É você que pode estar fazendo de todas as bênçãos que ele te deu uma porcaria de vida! A escolha é sua!
- Por fim, aprenda a enxergar a vida como algo belo, abundante, rico, e que você tem direito a tudo isso, porque afinal de contas você é gorda, linda, abusada, alto-astral, maravilhosa, charmosa, boa de cama, gostosa, sensual, romântica, saudável, ousada, vitaminada, independente, absoluta, poderosa, amada, antenada, diamante e feliz!

Ao aprender tudo isso, você recria o seu mundo, e nele tudo é possível, basta acreditar!

Nona estação
Mundo novo!

Comecei a escrever este livro há nove anos. Nesse período, os compromissos me fizeram parar e recomeçar. Mas percebi uma coisa linda: o mundo mudou desde então, e mudou para melhor!

Mudanças

Enquanto escrevo estas linhas, olho o mundo e vejo mudanças significativas para o mundo *plus size*. Hoje, *plus size* não significa apenas tamanho grande, mas acima de tudo respeito! Percebo que, embora lentamente, o preconceito contra as mulheres gordinhas começa a mudar. São sementes, mas poderosas. Faça sua parte. Se o mundo já está enxergando você com outros olhos, por que você não se enxerga?

Fashion Week Tamanho GG

Pense em um desfile onde a Gisele Bündchen não é bem-vinda. Pensou? Aconteceu em janeiro de 2010, no primeiro Fashion Weekend Plus Size do Brasil, evento promovido por lojas especializadas no público GG. Na passarela só brilharam modelos com manequim entre 44 e 50! Uhuu! Quem disse que fofinha não pode ser estilosa? Pode e deve! Em Nova York esse evento já existe e tem o nome de Full Figured Fashion.

Beth Dido

A cantora Beth Dido faz questão de abusar do seu estilo mulher GG súper de bem com a vida. Ela é ícone por onde passa e mostra o tempo todo que essa história de gordinha infeliz já era! Vocal da banda The Gossip, ganhou o prêmio personalidade mais descolada pela revista inglesa *NME*.

V Magazine

A famosa revista inglesa *V Magazine* fez um editorial com modelos *plus size* envolvendo estilistas famosos, entre eles Karl Lagerfeld.

Vogue

O inimaginável aconteceu. A revista *Vogue* acaba de lançar editoriais para mulheres *plus size*. Com o lançamento da *Vogue Curvy*, o mundo conhecerá a moda feita e mostrada por mulheres gordinhas. Sensacional!

Preciosa

O filme *Preciosa* chamou a atenção para uma gordinha brilhante, a atriz Gabourey Sidibe, que foi indicada para um Oscar.

Sites

A infinidade de sites dedicados à "gordinha de bem com a vida" hoje é imensa!

Escolinha do Professor Raimundo

A mulher gorda sempre foi usada em programas humorísticos como objeto de gozação. Não é mais assim. Agora a escolinha mostra uma mulher gorda linda, cobiçada, sensual e de bem com a vida!

Elle

Mais uma revista que aderiu à abertura de mostrar modelos *plus size*, a revista *Elle* ilustrou um editorial com a modelo Tara Lynn. Tara usa manequim 48 e vestiu Chanel, Chloé e outras produções maravilhosas.

Criatura GG

Única no gênero, a revista virtual *Criatura GG* (www.criaturagg.com.br) tem informações importantes para todas as mulheres gordinhas.

Beleza em Curvas

No mês de junho de 2010 foi lançada no Brasil a primeira edição de uma revista lindíssima, maravilhosa, especializada em *plus size* chamada *Beleza em Curvas*. Pioneira e corajosa, a revista vem com a intenção de quebrar padrões e mostrar toda a beleza das mulheres GG.

Milão

A marca italiana Elena Miró declarou 2010 como o "Ano das Curvas" e lançou em fevereiro desse ano um desfile para mulheres reais, abrindo a semana internacional de Milão.

Miss Gordinha

Vários países do mundo já têm concurso de miss onde só entram mulheres gordinhas. Todo o *glamour* e esplendor de um concurso para eleger a mais bela gordinha nacional é algo admirável e um exemplo a ser seguido.

Boneca Fofa

Em 2002 foi lançada nos Estados Unidos uma boneca com as mesmas características da boneca Barbie, só com uma diferença: a boneca (que se chama Emme) valoriza as formas arredondadas e lindas das mulheres gordinhas.

Indústria da moda

A indústria da moda começa a descobrir o potencial das mulheres gordinhas. Karl Lagerfeld incluiu no desfile de Saint Tropez uma modelo *plus size* em seu *cast*: Crystal Renn. No Brasil, já são inúmeras as confecções voltadas com sucesso para esse segmento.

Muito antes dele, Jean-Paul Gaultier, na semana da moda em Madri, colocou na passarela a exuberante Velvet usando uma *lingerie* avassaladora, que abalou as estruturas do desfile. O comentário de todo o evento foi apenas a beleza e sensualidade de Velvet. Jean-Paul disse sabiamente: "A beleza está na alma, a sensualidade, no espírito!".

Ford

A Ford, internacionalmente conhecida como uma das agências de modelos mais famosas do mundo, abriu um departamento só para modelos *plus size*. Incrível!

Futuro

Eu olho em volta e vejo tudo isso e muito mais. A tendência em todo o mundo aponta para uma mudança radical nos conceitos e preconceitos relativos à mulher gordinha. Então, mude você também. Os primeiros passos já foram dados!

Ponto de Luz

A proposta do projeto Viva Já é resgatar a autoestima de quem não se sente bem por ser gordinha. De acordo com a orientadora do projeto, "os gordos costumam acreditar que só serão felizes quando forem magros. Ledo engano. Muitos lutam a vida inteira com dietas e esse dia nunca chega". O projeto ajuda na celebração da vida como ela é, e não como um dia sonhamos que fosse, pois esse dia pode não chegar nunca e com isso toda uma vida foi perdida. O programa acontece no hotel Ponto de Luz em Joanópolis, interior de São Paulo.

Modelo

A primeira modelo gordinha de sucesso a aparecer de corpo inteiro em um *outdoor* em Nova York foi Emme Aronson, em 1996. De lá para cá, muita coisa mudou, e hoje é mais comum vermos campanhas publicitárias estreladas por gordinhas. Fora isso, ela foi escolhida duas vezes pela *People Magazine* como uma das cinquenta pessoas mais bonitas do mundo, também eleita Mulher do Ano, uma das Mulheres mais Fascinantes do Ano e uma das Mulheres Mais Importantes da América; ela arrasa com esses títulos de fazer inveja a qualquer Gisele. Ela disse: "Nós vivemos em uma sociedade que é baseada em alcançar um padrão de beleza irreal. Eu quero que as mulheres saibam que autoestima não pode estar relacionada ao manequim que vestem!". É isso aí, Emme!

Oprah Winfrey

A apresentadora de TV mais famosa do mundo é a gordinha Oprah Winfrey. Uma de suas famosas frases resume bem como ela encara a vida: "Quanto mais você glorifica e celebra a vida, mais você tem vida para celebrar!".

Duloren/Dove

Há alguns anos a Duloren, uma das maiores marcas de *lingerie* do país, lançou em sua campanha uma gordinha sexy vestida de vermelho para ilustrar a coleção Grand Finale. Nunca poderia deixar de citar as campanhas maravilhosas da marca Dove mostrando mulheres reais.

Gordação

As integrantes do Fat Action Troupe Allstar Spirit Squad são líderes de torcida que, além de animar jogos, agitam os estádios mostrando sua luta pelo direito de serem gordas, lindas e felizes.

As Padded Lilies formam um grupo de nado sincronizado que mostra que a boa forma pode existir em qualquer tamanho.

Muitos movimentos mostram o Fat Power para gritar ao mundo que o preconceito contra as pessoas gordas é coisa de gente ultrapassada e medíocre.

Décima estação
A dieta da felicidade

Amiga, nossa viagem está chegando ao fim. Mas a sua viagem pela vida continua. Espero que você leve em sua bagagem tudo o que leu e aprendeu aqui e aplique a cada dia, a cada minuto, pois, agindo assim, em algum momento você vai olhar os caminhos que percorreu e lembrar que não apenas durou, mas viveu intensamente!

E, para te acompanhar em sua caminhada, vai aqui uma dieta realmente capaz de fazer maravilhas para o seu corpo e a sua alma.

Proponho que você a siga durante sete dias. Se gostar dos resultados, repita mais sete dias, e assim por diante. Estou assim há dezesseis anos e posso garantir que tem funcionado muito bem.

Café da manhã

- ½ porção de otimismo
- 1 fatia de perdão a todas as pessoas que já te magoaram
- 1 xícara de chá de planos para o futuro

Lanche da manhã

- 1 porção de ideias de como aproveitar melhor a vida
- 1 sanduíche de atitudes para colocar essas ideias em prática
- 1 taça de musse de mudança de rotina fazendo algo novo de que você goste muito

Almoço

- 1 prato fundo de gratidão por tudo que você tem de bom em sua vida
- 1 copo de agradecimento a Deus por você estar com vida
- 1 salada de pensamentos bons sobre si mesma
- 1 xícara de chá de criar oportunidades de encontrar alguém (se você está só) ou 1 xícara de chá de criar oportunidades para mostrar para quem você ama algo diferente e sensual

Lanche da tarde

- 1 copo de produção. Produza-se: cabelo, maquiagem, roupa bonita, perfume e vá dar um passeio

- 1 taça de gelatina de mudar todo o conceito ou ideia ruim que você tem de si mesma e substituir por ideias positivas
- 1.000 fatias de autoestima
- 1 picolé de carinho que você vai dar a você e a todas as pessoas que ama. Seja carinhosa e sociável

Jantar

- 3 conchas cheias de atitudes para quebrar as barreiras do preconceito que você possa ter em relação a algumas pessoas ou situações
- 1 prato de saber viver intensamente o aqui e agora, pois o amanhã pode ser tarde demais
- 1 xícara de cuidados com o que você fala de si mesma. Só coisas boas, por favor
- 1 porção de ficar em paz com seu espelho, sua balança e com a comida
- 1 bolo inteiro de pensamentos para ter atitudes que tragam muita felicidade a cada momento em qualquer setor: profissional, pessoal, espiritual, sensual ou afetivo

Baldes e baldes de fé em Deus e crença de que vida feliz é uma escolha! Então, faça boas escolhas para si mesma, só por hoje.

Meus recados

Aos 6 anos

– MAMÃE, uma menina me prendeu no banheiro e começou a dizer bem alto: "Sua gordaaa! Você é gorda, lá, lá, li, lá, lá, goooorda, gordaaaaa!".

Calmamente (mas por dentro querendo sacudir a pestinha que tinha feito aquilo com minha filha), perguntei: "E você, filha? O que fez?".

Obs.: perguntei "calmamente", porque não quero passar para minha filha que a palavra "gorda" é xingamento, apesar de a menina ter usado o termo como tal.

Ela respondeu:

– Mamãe... Primeiro eu não entendi nada. Que eu sou gorda eu já sei! E daí? Se ela queria me xingar de alguma coisa, teria que dizer "sua feia", e não sua gorda! Menina maluca! Nem "feia" adiantaria, porque eu sou linda, mamãe. Então, não entendi o que aquela menina estava querendo dizer. Sabe, mamãe, acho que ela não se gosta!

Minha filha saiu tranquila. Lágrimas rolaram em minha face. Lágrimas de gratidão a Deus, por eu estar conseguindo fazer com que ela enxergue, já tão cedo, que ela é linda e que as pessoas só destroem a nossa felicidade se nós deixamos! E que ser "gorda" só vai ser algo ruim se ela mesma pensar assim.

Aos 8 anos

– Mamãe, hoje quando entrei na sala de aula, o menino que eu gosto falou alto pra todo mundo ouvir: "Chegou a lata de banha!".

Calmamente (mas por dentro querendo torcer o pescoço do pequeno macho insensível), perguntei: "E aí, filha? Como você se sentiu?".

– Mamãe, eu não sou uma lata de banha. Você me mostra sempre que eu sou linda. Eu ficaria triste se eu me sentisse uma lata de banha. Mas eu não sou isso, nem me sinto assim. Ele que perdeu, pois agora não é mais o menino que eu gosto. Vou gostar de outro, que não me ache uma lata de banha.

As lágrimas desta vez foram abundantes. Agradeci novamente, porque meus ensinamentos estão transformando a autoestima dessa pequena e notável mulherzinha gordinha em algo forte. Realmente, as pessoas só ocupam o espaço que determinamos.

Espero em Deus, minha filha, que você cresça assim, e se você pode pensar isso aos 6 e aos 8 anos, que muitas mulheres vejam isso como um exemplo, para não se deixar abater diante das insensibilidades da vida. Que muitas mulheres percebam que beleza é algo que vem do coração, da atitude e do amor-próprio.

Que muitas mulheres não deixem outros estragarem seus dias, pois a vida é muito preciosa para se jogar fora com depressão, baixa estima e infelicidade.

Sim, filha, você e todas as mulheres vão encontrar pessoas que irão enxergá-las não como uma lata de banha, mas com todas as qualidades e toda a beleza que vocês têm. Irão encontrar amigos e amores reais, verdadeiros e preciosos.

A batalha pela felicidade vai continuar, seja aos 6, 8, 18, 38, 48, 68, 98 ou 188 anos. Mas é uma batalha gratificante, que faz parte da vida de qualquer mulher, seja alta, magra, gorda, loira, morena, ruiva, jovem, idosa etc.

Meu coração se inunda agora de uma mensagem. Uma mensagem que quero passar para todas as mulheres com o maior carinho do mundo. Uma mensagem que quero deixar para minha filha como um legado, um presente. Presente que neste momento também ofereço a você, leitora, com o mesmo amor que ofereço à minha filha.

Porém, para ouvir a mensagem, tem que ser de uma maneira especial. Algo assim de mãe para filha, de irmã para irmã ou de melhor amiga para melhor amiga.

Então, imagine que você se aconchega neste momento em meus braços, que eu te dou um abraço apertado e cheio de carinho, e com todo o amor do mundo digo em seus ouvidos:

MINHA AMADA

Este livro foi escrito com todo o carinho do mundo para você. Cada frase, cada letra foi para te dizer que você é uma pessoa admirável e muito querida. Cada página foi para te mostrar que a vida é preciosa demais para ser jogada fora e que você talvez já tenha feito isso por muito tempo. Mude. Mude agora. Deus não te deu a vida à toa. Deu para você aproveitar da melhor maneira possível. Então não espere para começar a viver quando for magra amanhã, pois você nem sabe se o amanhã vai chegar.

Comece a ser feliz hoje! Você já perdeu muito tempo!

Com muito amor,

Nelma Penteado

Creio que falei a mesma coisa muitas vezes, como quem repete a uma amiga querida recados importantes para sua vida, e repete de novo, para ter a certeza de que a amiga escutou.

Eu só tinha este momento, no qual você abriria as páginas para estar comigo, então quis falar e falar, na esperança de que você me escutasse.

Espero que este livro, assim como todos os outros da série aleGGria que estão por vir, seja para você uma fonte de inspiração para uma mudança de vida para melhor, aliás, muitíssimo melhor.

Agradeço a cada pessoa que contribuiu para que este livro chegasse às suas mãos.

Acredito em cada palavra que escrevi aqui. Não só por ter vivenciado isso em uma determinada época da minha vida, como por ter presenciado a mudança de tantas mulheres gordas que me procuraram para aprender e aplicar os conceitos deste livro, e hoje são mulheres infinitamente de bem com a vida. Eu vi! Posso testemunhar, ninguém me contou! Então, antes de desacreditar, experimente colocar tudo em prática com coração e empenho. Beijão, até a próxima!

QUERIDA LEITORA,

Obrigada por compartilhar esta viagem comigo.

Este livro termina aqui, mas espero que este seja o começo de uma nova fase em sua vida!

Seja muito feliz e que Deus abençoe cada passo de seu novo caminho!

MATRIX